DE KRACHT VAN E(

heartradio
Calum Scott
"you are the reason"

David Deida

De kracht van echte mannen

Gids voor de omgang met vrouwen, werk en seksualiteit

always make his penis hard
not his life
so he makes your pussy wet
and not your eyes

Altamira-Becht · Haarlem

Vijfde druk, 2008

Oorspronkelijke titel: The Way of the Superior Man, a spiritual guide to mastering the challenges of women, work and sexual desire
Oorspronkelijke uitgever: Plexus Publishing, Austin, Texas

Voor het Nederlandse taalgebied:

Uitgeverij Altamira-Becht BV maakt deel uit van de Gottmer Uitgevers Groep BV

Vertaling: Geerta Pluut
Omslagontwerp en zetwerk: Ivar Hamelink, Haarlem
Druk en afwerking: Hooiberg Salland, Deventer

ISBN 978 90 6963 603 0 / NUR 728, 865

www.altamira-becht.nl
www.diepmagazine.nl

BELANGRIJKE WAARSCHUWING

Hoewel men de oefeningen, disciplines en opvattingen in dit boek nuttig kan vinden, is het niet de intentie van de auteur, noch van de uitgever, met dit boek specifieke adviezen te geven op medisch, psychologisch, emotioneel, seksueel of spiritueel gebied. Ook is niets in dit boek bedoeld als diagnose, voorschrift, aanbeveling of genezing voor specifieke medische, psychologische, emotionele, seksuele of spirituele problemen. Ieder mens heeft unieke behoeften en dit boek kan geen rekening houden met deze individuele verschillen. Iedereen dient een programma voor behandeling, preventie, genezing of algehele gezondheid uitsluitend te volgen in overleg met een erkende, bevoegde arts, therapeut of iemand die bevoegd is op dit gebied een beroep uit te oefenen. Indien men lijdt aan een geslachtsziekte of een ziekte aan de geslachtsorganen of prostaat, dient men een bevoegde leraar op het gebied van seksuele yoga te raadplegen alvorens de seksuele methoden te beoefenen die in dit boek beschreven worden.

Met grote dankbaarheid aan de intieme partners en leraren die mijn leven doordrenkt hebben met hun liefde en wijsheid.

INHOUD

Moge dit boek bijdragen tot het vrijmaken van je ware gaven, zodat talloze wezens nog meer baat vinden bij je leven en liefde.

INLEIDING

Dit boek is een gids voor een speciaal soort man die wij om ons heen zien ontstaan. Deze man is schaamteloos mannelijk – hij is doelbewust, vol zelfvertrouwen en doelgericht, en hij leidt zijn zelfgekozen manier van leven met grote integriteit en humor – en hij is gevoelig, spontaan en spiritueel, met zijn hart betrokken bij het ontdekken en leven van zijn diepste waarheid.

Dit soort man is sterk geboeid door het vrouwelijke. Hij houdt ervan zijn vrouw seksueel te nemen, haar in vervoering te brengen, maar niet op de ouderwetse machomanier. Hij wil haar veeleer in vervoering brengen met zoveel liefde dat zij verdwijnt, zij beiden verdwijnen, in de volheid van het liefhebben zelf. Met overgave wil hij de liefde op deze aarde belichamen, in zijn werk en zijn seksualiteit, en hij doet dit als een vrij man, niet gehinderd door uiterlijke conventies of innerlijke lafheid.

Deze nieuwe man is geen bange bullebak, die zich een houding aanmeet van een of andere King Kong die de baas is over het universum. Hij is evenmin een new-age-watje, zonder ruggengraat, zonder werkelijkheidszin. Hij heeft zowel zijn vrouwelijke als mannelijke kant aanvaard en hij beperkt zich niet langer tot een van beide. Hij hoeft niet zo nodig altijd gelijk te hebben of zich altijd veilig te voelen, meegaand te zijn of bereid tot delen, als een tweeslachtige allemansvriend. Hij leeft gewoon vanuit zijn diepste kern, geeft zijn gaven zonder terughoudendheid, ervaart het vluchtige ogenblik als de openheid van het bestaan en wil niets liever dan meer liefde in zijn leven brengen.

Teneinde het doel van *De kracht van echte mannen* te verduidelijken, wil ik teruggrijpen op enige uitgangspunten van seksuele en spirituele groei zoals die zijn ontwikkeld in mijn boek *Intimate Communion.**[1]

Tot voor kort waren er vaste en afzonderlijke rolpatronen voor mannen en vrouwen. Van de mannen werd verwacht dat zij de deur uitgingen en geld verdienden. Vrouwen werden verondersteld thuis te blijven en voor de kinderen te zorgen. De mannen manipuleerden hun vrouw vaak met hun fysieke en financiële dominantie en bedreigingen. Vrouwen manipuleerden hun man vaak op emotioneel en seksueel gebied. De typische en extreme karikaturen van deze voorbije tijd zijn de macho-lomperik en de onderdanige huisvrouw. Dat je dit boek leest, betekent waarschijnlijk dat je die eerste fase van seksuele identiteit bent ontgroeid. Of je kunt er althans om glimlachen.

Daarna kwam de fase (en deze is nog steeds aan de gang) waarin mannen en vrouwen ernaar streefden hun innerlijke mannelijke en vrouwelijke energieën in evenwicht te brengen tot 'fiftyfifty', waardoor ze meer op elkaar begonnen te lijken. In de Verenigde Staten van de jaren zestig bijvoorbeeld begonnen mannen hun vrouwelijke kant te benadrukken. Zij leerden met de stroom mee te gaan. Zij lieten hun rigide, eendimensionale mannelijke houding varen en kozen voor lang haar, kleurrijke kleding, de natuur, muziek en een lossere en sensuele levensstijl, allemaal middelen voor een betere en grotere uitstraling, energie en overvloedige levenskracht – die het vrouwelijke meer tot uitdrukking brachten.

Intussen deden vrouwen precies het tegenovergestelde. Zij legden meer nadruk op hun mannelijke kant, die, op het niveau van het menselijk karakter, tot uitdrukking komt in doelgerichtheid en visie. Vrouwen verwierven financiële en politieke onafhankelijkheid. Zij versterkten hun carrières,

1 David Deida 1995, *Intimate Communion*. Deerfield Beach, Florida: Health Communications, Inc.

concentreerden zich meer op hun persoonlijke langetermijndoelstellingen, gingen in steeds groteren getale naar school voor hogere opleidingen en leerden assertiever te zijn wat hun behoeften en wensen betreft.

De kans dat jij, als je dit boek leest, meer in balans bent dan je ouders, is redelijk groot. Als je een vrouw bent, ben je waarschijnlijk onafhankelijker en assertiever dan je moeder. Als je een man bent, kun je je waarschijnlijk beter emotioneel uitdrukken en ben je opener dan je vader. Zulke kwaliteiten zijn in ieder geval voor jou acceptabel, ook als je ze zelf niet bezit. Vergeet niet dat nog maar enkele jaren geleden een man die van alles met zijn haar liet doen of een vrouw die een colbert droeg, verdacht was.

Het was een goede zaak dat met het voortschrijden van de tijd mannen hun vrouwelijke kant koesterden en vrouwen hun mannelijke. Zij werden minder fragmentarisch en meer heel in dat proces. Zij werden minder afhankelijk van elkaar: mannen konden zowaar luiers verschonen en vrouwen bleken volledig in staat de muis uit de muizenvallen te halen. Machomannen werden losser en gevoeliger. Onderdanige huisvrouwen werden onafhankelijker en directer. In termen van sociale rollen werden mannen en vrouwen meer aan elkaar gelijk. Dit was voor iedereen een verbetering.

Maar deze fifty-fifty-fase is slechts een tweede en tussenfase van groei voor mannen en vrouwen, geen eindpunt. Neveneffecten van de trend naar seksuele gelijkheid kunnen worden beschouwd als een belangrijke oorzaak voor het ontbreken van geluk in intieme relaties vandaag de dag. De trend naar fiftyfifty heeft geresulteerd in economische en sociale gelijkheid, maar ook in seksuele neutraliteit. Bankrekeningen zijn in evenwicht, terwijl hartstochten als een nachtkaars uitgaan. Mannen zijn minder macho, terwijl seks en geweld op de televisie en in films blijven toenemen. Vrouwen hebben hun economische belangen meer in eigen hand, terwijl ze in steeds grotere aantallen therapeuten en artsen bezoeken met ziekten die met stress samenhangen. Waarom gebeurt dit?

Tijdens mijn workshops en spreekuren hoor ik onafhankelijke en succesvolle vrouwen klagen dat veel van de moderne mannen 'watjes' zijn geworden, te slap en te vaag om echt te kunnen vertrouwen. Gevoelige en tedere mannen klagen dat veel moderne vrouwen 'manwijven' zijn geworden, te hard en emotioneel gesloten om werkelijk te omhelzen. Is dit de ultieme expressie van de menselijke seksuele wijsheid en evolutie, of is er nog een stap te gaan?

Om deze vragen te beantwoorden, moeten we de essentie van de seksuele hartstocht en spirituele openheid begrijpen. Seksuele aantrekkingskracht is gebaseerd op seksuele polariteit. Dit is de kracht van de hartstocht, die een brug slaat tussen de mannelijke en vrouwelijke polen. Alle natuurlijke krachten stromen tussen twee polen. De noord- en de zuidpool van de aarde creëren een magnetisch krachtveld. De positieve en negatieve polen van je elektriciteitsnet of de accu van je auto creëren een elektrische stroom. Op dezelfde wijze creëren de mannelijke en vrouwelijke pool tussen mensen de stroom van seksuele gevoelens. Dit is seksuele polariteit.

Deze aantrekkingskracht, die stroomt tussen de twee verschillende polen van het mannelijke en vrouwelijke, is de dynamiek die vaak verdwijnt uit de moderne relaties. Als je echte hartstocht wilt, heb je een partij nodig die in vervoering brengt en een die in vervoering gebracht wil worden; zo niet, dan heb je twee maatjes die besluiten in bed geslachtsdelen te strelen.

Ieder van ons, man of vrouw, bezit zowel mannelijke als vrouwelijke eigenschappen. Mannen kunnen oorringen dragen, elkaar teder omhelzen en extatisch in het bos dansen. Vrouwen kunnen olie verversen, politieke en financiële macht verkrijgen en boksen. Mannen kunnen voor hun kinderen zorgen. Vrouwen kunnen voor hun land vechten. We hebben dit bewezen. Vrijwel iedereen kan op elk moment ofwel mannelijke ofwel vrouwelijke energie opwekken. (Hoewel ze misschien een sterke voorkeur zullen hebben voor de ene of de andere; daar komen we zo op.)

Waar het op neerkomt bij de momenteel opkomende fifty-fifty- of 'tweedefase'-relaties is dit: als mannen en vrouwen hechten aan een politiek correcte gelijkheid, zelfs tijdens intieme momenten, dan verdwijnt de seksuele aantrekkingskracht. Ik bedoel niet zozeer dat de begeerte tot de geslachtsdaad zelf verdwijnt, maar dat de jeu eraf gaat. De liefde kan nog steeds sterk zijn, de vriendschap kan nog steeds sterk zijn, maar de seksuele polariteit vervaagt, tenzij op intieme momenten een partner bereid is de mannelijke pool te spelen en de ander de vrouwelijke. Je moet de mannelijke en vrouwelijke verschillen stimuleren als je het spel van de seksuele hartstocht wilt spelen.

Dit geldt voor zowel homoseksuele als heteroseksuele relaties. De homo- en lesbische gemeenschap is zich er zeker scherp van bewust dat seksuele polariteit niet afhankelijk is van geslacht. Maar je hebt twee polen nodig om een hartstochtelijk seksueel spel te laten voortduren binnen een relatie: mannelijk en vrouwelijk, boven en onder, mannenrol en vrouwenrol – hoe je deze polen van het seksuele spel ook wilt noemen.

Het is aan jou: je kunt een liefhebbende vriendschap tussen twee gelijkgestemden hebben, maar je hebt een meer mannelijke en een meer vrouwelijke partner nodig op de momenten dat je sterke seksuele polariteit wilt.

Het maakt niet uit of beide partners mannen of vrouwen zijn. Het maakt niet uit of in een heteroseksuele relatie de man de vrouwelijke pool speelt en de vrouw de mannelijke.

Het maakt niet uit of jullie elke dag wisselen wie de mannelijke of vrouwelijke pool speelt. Voor seksuele polariteit heb je een energetische polariteit nodig, een aantrekkingsverschil tussen mannelijk en vrouwelijk. *Je hebt dit verschil niet nodig voor liefde, maar wel voor blijvende seksuele hartstocht.*

Voor sommige mensen die wat ik noem een meer uitgebalanceerde seksuele essentie hebben, doet seksuele polariteit er niet werkelijk toe. Zij *willen* niet echt veel hartstocht in intimiteit. Zij willen geen liefhebbende worsteling vol seksuele inspiratie en insinuatie. Zij hebben liever een beschaafde vriendschap vol liefde waarin menselijke ervaringen worden gedeeld zonder de hartstochtelijke hoogte- en dieptepunten. Voor deze mensen zal dit boek irrelevant zijn, mogelijk zelfs aanstootgevend.

Dit boek is speciaal geschreven voor mensen met een meer mannelijke seksuele essentie en voor hun minna(ars)ressen, die een meer vrouwelijke seksuele essentie zullen hebben – omdat je altijd je seksuele tegenpool aantrekt. Deze mensen kiezen automatisch relaties die gebaseerd zijn op verschillen, wat ook de consequenties daarvan zijn.

Je seksuele essentie is je seksuele kern. Als je een meer mannelijke seksuele essentie hebt, vind je het natuurlijk prettig om thuis te zijn en met de kinderen te spelen, maar diep vanbinnen word je gedreven door een gevoel een missie te hebben. Je weet je missie wellicht niet, maar tot je dit diepere doel hebt ontdekt en er volledig naar leeft, zul je het gevoel houden dat je leven in zijn kern onvolledig is, zelfs als je intieme relatie en gezinsleven vol liefde zijn.

Als je een meer vrouwelijke seksuele essentie hebt, kan je beroepsleven nog zo succesvol zijn, je kern zal niet vervuld worden voordat de liefde volledig stroomt in je intieme of gezinsleven.

De 'missie' of de zoektocht naar vrijheid is de prioriteit van het mannelijke, terwijl de zoektocht naar liefde de prioriteit van het vrouwelijke is. Dat is de reden waarom mensen met een mannelijke essentie op de televisie liever naar een voetbalwedstrijd of bokswedstrijd kijken dan naar een liefdesverhaal. Sport heeft alles te maken met het bereiken van vrijheid, zoals door het ontwijken van een tackle van de tegenstander of van een reeks stoten, en met het welslagen van je missie, door het scoren van een doelpunt of nog steeds overeind staan na tien rondes. Voor het mannelijke zijn missie, competitie en alles op het spel zetten (zelfs met gevaar voor eigen leven) allemaal vormen van extase. Kijk maar naar de populariteit onder mannen van oorlogsverhalen, gevaarlijke heldenmoed en sportieve prestaties.

Maar voor het vrouwelijke raakt het zoeken naar liefde de kern. Of het nu om een soap op televisie, liefdesverhalen of het praten met vriendinnen over relaties gaat, het verlangen naar liefde komt altijd naar voren in vrouwelijke vormen van ontspanning.

Het vrouwelijke wil met liefde vervuld worden en als de gelukzaligheid van werkelijke liefde niet wordt beleefd, dan wordt genoegen genomen met chocolade, een ijsje – of een goed romantisch toneelstuk. Het mannelijke wil de gelukzaligheid voelen van een leven op het randje en als hij niet het lef heeft zo'n leven te leiden, dan kijkt hij ernaar op de televisie, naar sportwedstrijden en politieseries.

Uiteraard vinden gelukkige en volgroeide mannen en vrouwen het prettig zowel naar sport te kijken als ijs te eten. Maar ik probeer iets duidelijk te maken: hoewel alle mensen zowel mannelijke als vrouwelijke kwaliteiten hebben die zij op elk moment kunnen inzetten – zakelijke problemen oplossen of voor de kinderen zorgen bijvoorbeeld –, hebben de meeste mannen en vrouwen een meer mannelijke of vrouwelijke kern. En deze komt naar voren in de vormen van ontspanning die zij regelmatig kiezen en in hun voorkeur bij het seksuele spel.

Denk er eens over na. Zou je liever hebben dat je seksuele partner fysiek sterker was dan jij, of zou je liever de fysieke kwetsbaarheid van je minnaar voelen? Wat zou je meer opwinden, in bed je partner onder je neerdrukken of zelf door je partner worden neergedrukt? Van je stuk gebracht worden door een gevoelige en sterke minnaar of de overgave voelen van je geliefde, bezwijmend in je armen? Je wilt misschien beide wel eens, maar wat windt je het meest op? Of windt elk van deze alternatieven je evenveel op? Dat wil zeggen, raak je net zo opgewonden door een seksuele partner die fysiek zwakker is dan jij als door een die sterker is, of exact even sterk?

De meeste mensen, ongeveer 90% naar mijn ervaring, lijken een duidelijke voorkeur te hebben. Of zij geven er de voorkeur aan dat hun partner een naderende kakkerlak doodslaat, of zij hebben er geen moeite mee zelf dit knerpende klusje te klaren, misschien zelfs wel met enige sportieve allure. De meeste mensen hebben een duidelijke voorkeur voor een romantisch liefdesverhaal boven een bloedige bokswedstrijd of omgekeerd. Misschien kunnen zij nu en dan van beide genieten, maar hun kern wordt emotioneel het meest geraakt door een van beide. Als je ooit een groep mannen gezien hebt die naar een voetbalfinale zat te kijken, dan weet je hoe emotioneel de mannelijke kern wordt tijdens het bekijken van mensen die tot het uiterste gaan en hun gaven schenken – of afgeslacht worden als ze falen.

Dus ongeveer 90% van de mensen heeft of een meer mannelijke of een meer vrouwelijke seksuele essentie. Behalve dat ze een liefdevolle vriendschap willen, willen ze hartstochtelijk, liefhebbend en krachtig in vervoering gebracht worden door hun intieme partner, of ze willen, soms althans, zelf in vervoering brengen. Dit geldt evenzeer voor homoseksuelen als voor heteroseksuelen.

Ongeveer 10% van de mensen, mannen en vrouwen, heteroseksueel en homoseksueel, heeft een essentie die meer in evenwicht is. Zij worden in gelijke mate door bokswedstrijden en liefdesverhalen geëmotioneerd, of niet. Het maakt ze niet echt uit of hun geliefde fysiek sterker of kwetsbaarder is dan zij. Seksuele polariteit speelt in hun relatie gewoon niet zo'n belangrijke rol.

Ongeacht geslacht of seksuele gerichtheid, als je diepe spirituele en seksuele vervulling wilt ervaren, moet je je natuurlijke seksuele essentie kennen – mannelijk, vrouwelijk of in balans – en er waarlijk naar leven. Je kunt je ware seksuele essentie niet ontkennen door deze jarenlang met lagen valse energie te bedekken en vervolgens verwachten je authentieke doel te kennen en vrij te zijn in de stroom van de liefde. Dit boek is een gids om pretentie af te schudden en werkelijk naar je kern te leven, speciaal voor mensen die een mannelijke seksuele essentie hebben en voor hun geliefden met een vrouwelijke essentie die met hen te maken hebben.

In een goed bedoelde poging gelijke mogelijkheden en rechten voor mannen en vrouwen te creëren, vernietigen veel mensen onbewust hun ware seksuele essentie. Dat hoeft niet; het is zeker mogelijk gelijkheid te creëren en tegelijkertijd naar je ware mannelijke en vrouwelijke kern te leven. Maar de meeste mensen doen dat niet. Dus lijden zij.

De meeste mensen vergeten dat de gelijkheid die werkt op het kantoor, voor ongeveer 90% van de paren niet werkt bij intimiteit, omdat in dat geval meestal sprake is van partners met een mannelijke en vrouwelijke essentie en niet van partners met een evenwichtige essentie. Wil seksuele hartstocht stromen in deze gepolariseerde intimiteit, dan moeten mannelijke en vrouwelijke verschillen vergroot en niet verkleind worden op momenten van intimiteit. Wanneer deze polariteiten worden verminderd vanwege verplichtingen in het gezin of op het werk, vermindert de seksuele aantrekkingskracht en ook de spirituele diepgang en fysieke gezondheid.

Je mannelijke en vrouwelijke essentie in een slecht in evenwicht zijnd persoon wringen, beïnvloedt werkelijk elk deel van je wezen. Bij veel mensen met een werkelijk vrouwelijke essentie komt een hele reeks verstoorde psychologische symptomen aan het licht, omdat hun vrouwelijke energie 'opdroogt' als gevolg van het feit dat ze jaar in jaar uit overmatige mannelijke energie door hun lichaam laten stromen om zich te voegen naar de mannelijke wijze van werken. En veel mensen met een mannelijke essentie die trachten zich te voegen naar de vrouwelijke stijl van samenwerking en energiestroom, koppelen zich los van wat volgens hen het doel van het leven is en onderdrukken hun diepe waarheid, bang als ze zijn voor de gevolgen van het trouw zijn aan hun eigen mannelijke kern. Vandaar de veelvuldige klachten over te veel stoere binken en watjes.

Bovendien, als je je ware kern ontkent, ontken je de mogelijkheid van ware en werkelijke liefde. Liefde is openheid, een en al openheid. En ware spiritualiteit is de beoefening van liefde, de beoefening van openheid. Iemand die zijn eigen essentie ontkent en zijn ware verlangens verbergt, is een gespleten persoon en kan niet ontspannen in de volle openheid van de liefde. Zijn geest raakt verkrampt en verknipt. Niet in staat het natuurlijke gemak en de onbeperkte kracht van zijn eigen kern te voelen, voelt hij zich bedreigd en bang. Deze angst is de uitdrukking van zijn onvermogen zich volledig in liefde te openen. Zo'n persoon is spiritueel gehandicapt, zijn hart is geblokkeerd, ook als hij een veilige relatie en een succesvolle carrière heeft opgebouwd.

Cultureel gesproken zijn we dus vooruitgegaan in termen van persoonlijke vrijheid, seksuele gelijkheid en maatschappelijke rechten, maar spiritueel zijn we belemmerd en bang. In het belang van individuele autonomie en sociale rechtvaardigheid zijn we met alle goede bedoelingen abusievelijk onze mannelijke en vrouwelijke verschillen gaan ontkennen, uitvlakken en neutraliseren. Door dit te doen, ontkennen mensen uiteindelijk hun diepste kernverlangens, die zijn geworteld in hun ware seksuele essentie. Veel mensen *denken* dat ze een evenwichtige seksuele essentie hebben, maar in de meeste gevallen onderdrukken zij in werkelijkheid hun natuurlijke verlangens die uit hun werkelijke mannelijke of vrouwelijke kern ontspringen.

Het is belangrijk toe te geven wat echt is als jij je leven werkelijk ter hand wilt nemen. *De kracht van echte mannen* richt zich vooral op die onderwerpen die wij terzijde schuiven of ontkennen. Bijvoorbeeld, als je seksuele essentie echt in balans is, zul je door niemand seksueel werkelijk in verwarring gebracht worden. Maar als je bijvoorbeeld een heteroseksuele man bent met een echt mannelijke seksuele essentie, dan zul je je vrijwel constant seksueel aangetrokken voelen tot de vrouwelijke vrouwen die je de gehele dag ziet, op je werk en op straat. Zowel tot getrouwde vrouwen als tot tieners. Zolang zij het vrouwelijke licht uitstralen, zul je de aantrekkingskracht voelen. Hoe zet je dit potentiële seksuele probleem om in een spiritueel geschenk?

Als je een mannelijke seksuele essentie hebt, zul je, als je buitengewoon eerlijk bent, misschien willen toegeven dat je intieme relatie gewoon niet zo belangrijk voor je is als de 'missie' in je leven – maar dan wil je nog steeds wel een volle en energieke intieme relatie, misschien zelfs wel heel erg graag. Hoe ga je om met dit vaak verkeerd begrepen dilemma?

Om vragen zoals deze zo duidelijk mogelijk te beantwoorden, heb ik ervoor gekozen dit boek te schrijven alsof ik me richt tot het meest gewone geval van een mannelijke seksuele essentie: een heteroseksuele man met een mannelijke seksuele essentie. Zoals ik al heb gezegd, zijn er vele andere mogelijke samenstellingen van geslacht, essentie en seksuele voorkeur mogelijk. Je bent bijvoorbeeld een heteroseksuele vrouw met een mannelijke essentie en getrouwd met een man met een vrouwelijke essentie, of een homoseksuele man met een mannelijke essentie en getrouwd met een man met een vrouwelijke essentie. De principes van dit boek zullen dan ook op jou van toepassing zijn. Ik vertrouw erop dat de lezer de nodige aanpassingen in de tekst zal maken ten behoeve van zijn eigen unieke geval als het verschilt van het meest voorkomende geval.

Ik had het boek de titel *De kracht van de persoon met een mannelijke essentie* kunnen geven, maar het geheel zou te zwaar worden als ik zou proberen elke mogelijke omzetting van 'hij' en 'zij' en 'mannelijke seksuele essentie' en 'evenwichtige seksuele essentie' en 'vrouwelijke seksuele essentie' te bespreken in elke mogelijke heteroseksuele, biseksuele en homoseksuele relatie. Ik heb uiteindelijk voor eenvoud gekozen. Je kunt zelf de omzettingen toevoegen. Als jij of je partner een mannelijke seksuele essentie hebt – ongeacht anatomie, geslacht of seksuele voorkeur – dan zal dit boek je helpen duidelijkheid te verschaffen in je leven en je in staat stellen je meest waardevolle geschenken te geven, zowel persoonlijk als op je werk, zowel seksueel als spiritueel.

De kracht van echte mannen is een boek dat expliciet geschreven is voor mensen die wel zover zijn dat ze respect hebben voor het andere geslacht en andere seksuele voorkeuren en die mannen en vrouwen als sociaal, economisch en politiek gelijken beschouwen. We kunnen nu naar de volgende fase gaan, uitgaande van dit wederzijdse respect en deze gelijkheid, waarbij we de spirituele en seksuele hartstochten vieren die inherent zijn aan de mannelijke/vrouwelijke polariteit.

Het wordt tijd dat we het ideaal van de machobotterik, een en al ruggengraat maar geen hart, achter ons laten. Het wordt ook tijd het gevoelige en zorgzame watjesideaal achter ons te laten, een en al hart, maar geen ruggengraat. Hart en ruggengraat moeten in een man verenigd zijn en dan zo volledig mogelijk tot uiting worden gebracht in liefde en bewustzijn, wat een diepe ontspanning vereist in de oneindige openheid van het huidige moment. En hier is een nieuw soort moed voor nodig. Dit is *De kracht van echte mannen.*

DEEL EEN

DE KRACHT VAN EEN MAN

1

STOP MET HOPEN OP BETERE TIJDEN

De meeste mannen maken de fout te denken dat het op een dag wel voor elkaar zal zijn. Zij denken: als ik maar genoeg werk, dan kan ik het op een dag rustig aan gaan doen. Of: op een dag zal mijn vrouw er toch wel iets van begrijpen en dan houdt ze wel op met klagen. Of: ik doe dit nu alleen maar omdat ik dan op een dag kan doen wat ik echt wil met mijn leven. De mannelijke fout is te denken dat uiteindelijk de dingen fundamenteel anders zullen zijn. Maar dat is niet zo. Het houdt nooit op. Zolang het leven voortduurt, is er de creatieve uitdaging om met het huidige moment te worstelen, te spelen en het lief te hebben, terwijl jij jouw unieke gave schenkt.

Het zal nooit voorbij zijn. Wacht dus niet langer op de goede dingen. Besteed vanaf nu minimaal een uur per dag aan datgene waarmee je wacht totdat je financiële situatie stabieler is, of totdat je kinderen het huis uit zijn, of totdat je aan je verplichtingen hebt voldaan en je je vrij voelt te doen wat je werkelijk wilt. Wacht geen ogenblik langer. Geloof niet in de mythe dat 'op een dag alles anders zal zijn'. Doe wat je graag doet, wat je steeds uitgesteld hebt en waarvoor je geboren bent. Doe het nu.

Besteed minimaal een uur per dag aan wat je graag doet – waarvan je diep in je hart voelt dat je het moet doen – ondanks de dagelijkse verplichtingen die je lijken tegen te houden. Maar wees gewaarschuwd: misschien ontdek je dat je het niet doet of niet kunt doen; dat je fantasie over een toekomstig leven simpelweg niet meer dan een fantasie is.

Uitstel is meestal een excuus voor een gebrek aan creatieve discipline. Gebrek aan geld of verplichtingen in je gezin hebben een man er nog nooit van weerhouden iets te doen wat hij *werkelijk* wil, maar ze leveren wel een excuus voor de man die niet echt klaar is voor de creatieve uitdaging. Probeer er vandaag nog achter te komen of je bereid bent te doen wat nodig is om je gave volledig te schenken. Zet een eerste stap en besteed vandaag minstens een uur aan het geven van jouw grootste geschenk, wat dat voor vandaag ook moge zijn, zodat, als je vanavond gaat slapen, je weet dat je vandaag je dag niet met meer moed, creativiteit en geven had kunnen vullen.

Naast de mythe dat je leven op een dag misschien fundamenteel anders zal zijn, geloof en hoop je misschien dat je vrouw op een dag fundamenteel anders zal zijn. Wacht er niet op. Ga ervan uit dat ze zal zijn zoals ze is, voor altijd. Als het gedrag en de stemming van je vrouw echt onverdraaglijk voor je zijn, moet je bij haar weggaan, en niet achteromkijken (je kunt haar immers niet veranderen). Als je echter vindt dat haar gedrag en stemming alleen maar onprettig zijn en aanleiding geven tot ruzies, besef dan dat ze altijd zo zal lijken te zijn: het vrouwelijke lijkt altijd chaotisch en ingewikkeld vanuit het perspectief van het mannelijke.

De volgende keer dat je merkt dat je probeert je vrouw de les te lezen, zodat ze niet meer .... (vul in), ontspan dan en geef haar liefde door haar aan te raken en haar te vertellen dat je van haar houdt als ze zo is (wat je op de puntjes hebt ingevuld). Omhels haar, of stoei met haar, schreeuw of gil desnoods, maar probeer geen einde te maken aan dat wat je zo ergert. Beoefen de liefde in plaats van te proberen een einde te maken aan de eigenschap die je dwarszit. Je kunt niet ontsnappen aan de worsteling met het vrouwelijke. Probeer de humor in te zien van het eindeloze emotionele drama waarin het vrouwelijke zo'n plezier schijnt te scheppen. De liefde die je tentoonspreidt, kan haar gedrag veranderen, maar je poging haar op haar plaats te zetten en je frustratie zullen dat nooit kunnen.

De wereld en je vrouw zullen je altijd vergasten op onvoorziene uitdagingen. Of je leeft voluit, je gave schenkend te midden van die uitdagingen, zelfs vandaag, of je wacht op een imaginaire toekomst die nooit zal komen. Mannen die een betekenisvol leven hebben geleid, zijn mannen die nooit wachtten: niet op geld, zekerheid, gemak of vrouwen. Voel wat je het liefst als geschenk zou willen geven, aan je vrouw en aan de wereld, en doe wat je kunt om het vandaag te geven. Elk moment gewacht is een moment verspild en elk verspild moment maakt je doel minder duidelijk.

2

LEEF MET EEN OPEN HART, ZELFS ALS HET PIJN DOET

Je afsluiten als je overmand wordt door pijn is een ontkenning van de ware natuur van de man. Een echte man is vrij in voelen en handelen, zelfs wanneer hij erge pijn heeft. Indien nodig moet een man leven met een hart vol pijn, en niet met een gesloten hart. Hij moet leren in de wond van de pijn te blijven en handelen met spontane vaardigheid en liefde, zelfs vanuit die plek.

Stel je voor dat je faalt in een belangrijk project, dat je tegen je vrouw liegt en betrapt wordt, of dat je haar grapjes hoort maken over je tekortkomingen in bed. Hoe reageer je met je lichaam, adem en ogen? Let op of je op een persoon of situatie die je pijn doet, reageert met je terug te trekken, je te verschuilen of je af te sluiten. Let op of er momenten zijn dat je het moeilijk vindt iemand in de ogen te kijken of momenten dat je borst en zonnevlecht gespannen raken en zich samentrekken. Dit zijn tekenen van een niet-vaardige reactie op pijn. Wanneer je gespannen en afgesloten bent, kun je niet handelen. Je zit gevangen in je eigen zelfbeschermende spanning, en je bent niet langer een vrij man.

De echte man oefent zich erin zich te openen op die momenten dat hij zich automatisch afsluit. Open de voorkant van je lichaam zodat je borst en zonnevlecht niet gespannen zijn. Ga rechtop zitten of staan, open de voorkant van je lichaam en maak je borst en buik zacht, breed en vrij. Kijk recht in de ogen van degene die bij je is, terwijl je zowel je eigen pijn als de andere persoon voelt. Alleen wanneer de voorkant van je lichaam ontspannen en open is, je vol en diep ademt en je blik onbevangen en rechtstreeks verbonden is met de ogen van de andere persoon, kan je totale intelligentie zich in de gegeven situatie manifesteren. Om als een echte man te handelen, een samoerai op het gebied van relaties, moet je de totale situatie met je hele lichaam voelen. Een gesloten lichaam is niet in staat subtiele aanwijzingen en signalen waar te nemen en kan daarom geen meester zijn van de situatie en niet juist handelen.

3

LEEF ALSOF JE VADER DOOD IS

Een man moet van zijn vader houden en toch los komen van zijn vaders verwachtingen en kritiek om een vrij man te kunnen zijn.

Stel je voor dat je vader gestorven is of denk terug aan toen hij stierf. Zijn er gevoelens van opluchting die verband houden met zijn dood? Is er, nu hij dood is, een deel van jou blij dat je niet meer aan zijn verwachtingen hoeft te voldoen of zijn kritiek moet ondergaan? Zou je op een andere manier geleefd hebben als je nooit geprobeerd had je vader te plezieren? Als je nooit geprobeerd had je vader te laten zien dat je een verdienstelijk iemand bent? Als je nooit de last van het kritische oog van je vader op je had voelen drukken?

Doe de komende drie dagen dagelijks ten minste één activiteit die je hebt vermeden of weggedrukt vanwege de invloed van je vader. Oefen op die manier om vrij te zijn van zijn subtiele verwachtingen, die nu wellicht binnen het gebied van je zelfbeoordeling liggen. Oefen eenmaal per dag gedurende drie dagen, ook al voel je je nog angstig, beperkt, onwaardig of belast door je vaders verwachtingen.

4

KEN JE EIGEN GRENS, HOUD DEZE AAN

Het is prijzenswaardig wanneer een man zijn angsten, zijn weerstand en de grens van zijn kunnen toegeeft. Het is nu eenmaal zo dat iedere man zijn eigen grens, zijn vermogen tot groei en zijn lotsbestemming heeft. Het is echter niet prijzenswaardig wanneer hij tegen zichzelf of anderen liegt over waar hij werkelijk staat. Hij moet zich niet verstandiger voordoen dan hij is – noch moet hij zijn echte grens uit de weg gaan. Hoe meer een man tot zijn werkelijke grens gaat, des te waardevoller hij is als goed gezelschap voor andere mannen, des te meer men ervan op aankan dat hij authentiek is en volkomen aanwezig. Wáár de grens van een man ligt, is minder belangrijk dan het feit dat hij werkelijk tot zijn grens gaat, en niet lui is of zich laat misleiden.

Kies een aspect van je leven, misschien je intieme relatie, je carrière, de relatie met je kinderen of je spirituele leven. Neem bijvoorbeeld je baan van dit moment. Op welk onderdeel weerhouden je angsten je ervan om een grotere bijdrage te leveren aan de mensheid, om een hoger inkomen te verdienen of om geld te verdienen op een creatievere en prettiger manier? Als je absoluut geen angst kende, zou je dan op precies dezelfde manier de kost verdienen als nu? Je grens ligt waar je plotseling ophoudt of waar je je gaven niet ten volle benut, maar in plaats daarvan je angsten voedt.

Heb je het contact verloren met de angsten die je inkomen en levensstijl beperken en vormgeven? Als je jezelf misleid hebt en denkt dat je niet bang bent, dan lieg je tegen jezelf. Alle mannen zijn bang, tenzij ze volkomen vrij zijn. Als je dit niet kunt toegeven, dan huichel je tegen jezelf, en tegen anderen. Je vrienden zullen je angst voelen, ook al voel je die zelf niet. Zo zullen ze het vertrouwen in je verliezen, omdat ze weten dat je jezelf misleidt, tegen jezelf liegt en daarom waarschijnlijk ook tegen hen liegt, bewust of onbewust.

Of misschien ben je je wel heel erg bewust van je angsten: je angst om risico's te nemen, je angst om te falen of je angst om succesvol te zijn. Misschien ben je tevreden met je leven en ben je bang voor de verandering in levensstijl als je van baan verandert, ook al is je nieuwe baan meer in overeenstemming met wat je werkelijk wilt met je leven. Sommige mannen zijn bang om angst te voelen en gaan daarom niet tot hun grens. Ze kiezen werk waarvan ze weten dat het ze goed en gemakkelijk afgaat, en gebruiken lang niet al hun talenten. Hun leven is betrekkelijk veilig en comfortabel, maar doods. Het ontbreekt ze aan de levendigheid, de diepte en de inspirerende energie die karakteristiek zijn voor een man die op de grens van zijn kunnen leeft. Als je zo'n soort man bent, een die zich inhoudt, terwijl hij misschien wel hard werkt, maar niet tot het uiterste gaat, zullen andere mannen er niet op kunnen vertrouwen dat je hen kunt en zult helpen om tot hún grens te gaan en al hún talenten te gebruiken.

Beschrijf, als experiment, jouw grenzen ten aanzien van je baan hardop aan jezelf. Zeg bijvoorbeeld: 'Ik weet dat ik meer geld zou kunnen verdienen, maar ik ben te lui om er extra tijd voor uit te trekken. Ik weet dat ik meer van mijn echte talenten zou kunnen benutten, maar ik ben bang dat het geen succes zal worden, en dan ben ik een mislukkeling zonder een cent. Ik heb vijftien jaar aan mijn carrière gewerkt, en ik ben bang die op te geven en opnieuw te beginnen, ook al weet ik dat ik het grootste gedeelte van mijn leven dingen doe die me niet echt interesseren. Ik zou op een er creatieve manier geld kunnen verdienen, maar ik besteed te veel tijd aan tv-kijken in plaats van creatief te zijn.'

Respecteer je grenzen. Respecteer je keuzes. Wees er eerlijk over tegen jezelf. Wees er eerlijk over tegen je vrienden. Een angstige man die weet dat hij angstig is, is veel betrouwbaarder dan een angstige man die zich niet bewust is van zijn angst. En een angstige man die zijn angsten kent, maar tot zijn grens gaat en van daaruit zijn talenten gebruikt, is betrouwbaarder en inspirerender dan een angstige man die in zijn comfortabele leventje blijft hangen en niet bereid is zijn angst te ervaren. Een man die vrij is, is vrij om zijn angsten te erkennen, zonder ze te verbergen of zich ervoor te verschuilen. Leef met je lippen op je angsten gedrukt, kus je angsten zonder dat je ze inhoudt of ernstig geweld aandoet.

5

BLIJF ALTIJD TROUW AAN JE DIEPSTE BEWUSTZIJN

De eeuwigheid moet een mans thuis zijn, op ieder moment. Anders is hij verdwaald, altijd op zoek, grijpend naar rookwolken. Een man moet alles doen wat nodig is om dit altijd nieuwe bewustzijn gewaar te worden, het dan verduurzamen en zijn leven rondom dit bewustzijn inrichten.

Maak van je leven een doorlopend proces van zijn wie je bent, op je diepste, meest rustgevende zijnsniveaus. Al het andere is ondergeschikt aan dit proces. Je baan, je kinderen, je vrouw, je geld, je artistieke creaties, je pleziertjes, ze zijn allemaal oppervlakkig en leeg als ze niet drijven in de diepe zee van je bewuste zijn. Hoeveel uur is je aandacht vandaag gericht geweest op het rijk der veranderingen – de gebeurtenissen, mensen, gedachten en ervaringen – en hoe vaak rustte je aandacht in haar bron? Waar is je aandacht op dit moment? Kun je haar bron voelen? Al is het maar voor heel even, kun je voelen wat het is dat aandacht bewust maakt? Kun je het diepste wezen van aandacht voelen? Wat gebeurt er als je aandacht eenvoudig, zonder inspanning in haar bron tot rust laat komen?

Deze bron verandert nooit en is altijd aanwezig. Ze is de constante, stille toon die achter en in de muziek van het leven klinkt. Voel zo diep mogelijk in deze bron, en kijk dan opnieuw naar je werk, intimiteit, gezin en creatieve inspanningen. Als je de liefde bedrijft, doe dat dan vanuit deze bron. Als je geld verdient, doe dat dan vanuit deze bron. Onderzoek wat er met de verschillende onderdelen van je leven gebeurt als je consequent vanuit deze bron leeft.

Gebruik hulpmiddelen om in deze bron te rusten en van daaruit dingen te creëren. Lees boeken die je eraan herinneren wie je in werkelijkheid bent. Breng tijd door met mensen die je inspireren en de bron voor jou weerspiegelen. Mediteer, contempleer of bid elke dag zodat je je dompelt in de bron.

Net als de meeste mannen zul je vaste gewoonten hebben die je aandacht in beslag nemen, zoals de gebeurtenissen en bezigheden van alledag dat ook doen. Jarenlang vliegen de dagen en nachten voorbij en het leven glipt door je vingers. Je aandacht wordt in beslag genomen door de schijnwereld van noodzakelijke verantwoordelijkheden. Maar dit alles is leeg wanneer we onze verantwoordelijkheden niet beleven als uitdrukking van ons diepste zijn en onze innerlijke waarheid.

Ken de eeuwigheid. Doe alles wat nodig is en beleef de verschillende facetten van je leven vanuit deze diepte. Maar als je het proces van het je dompelen in de bron uitstelt, omdat je eerst je zaken moet regelen, zullen al je uren en dagen aan zaken besteed worden, en dan is je leven voorbij. Alleen als je gegrond bent in datgene wat groter is dan dit leven, zul je met humor met het leven kunnen spelen, wetend dat elke taak slechts een waannoodzaak is. Zelfs als je iets onbeduidends doet als tv-kijken of de rommel in de keuken opruimen, voel dan de waarheid van wie je bent. Voel de grenzeloze competentie waarin elk moment verschijnt en verdwijnt. Elk moment heeft dezelfde intensiteit van helderheid, compleetheid en humor wanneer je het tegemoettreedt met je diepste besef. Niets wat ooit gebeurd is, heeft enig verschil gemaakt voor de Ene die je bent.

6

VERANDER NOOIT VAN GEDACHTEN OM EEN VROUW TE PLEZIEREN

Als een vrouw iets voorstelt wat het perspectief van een man verandert, moet hij een nieuwe beslissing nemen op basis van zijn nieuwe perspectief. Hij moet echter nooit zijn eigen diepste kennis en intuïtie verloochenen om zijn vrouw een plezier te doen of met haar 'mee te gaan'. Zowel zij als hij zal daardoor zwakker worden. Ze zullen elkaar gaan tegenstaan en de laag van opeengehoopte onechtheid zal hun liefde belasten, evenals hun vermogen om vrij te handelen.

Je moet altijd naar je vrouw luisteren en dan je eigen beslissing nemen. Als je ervoor kiest om met het voorstel van je vrouw mee te gaan, zelfs als je diep in je hart voelt dat een andere beslissing beter is, dan zeg je in feite: 'Ik vertrouw mijn eigen wijsheid niet.' Je verzwakt jezelf door dit tegen jezelf te zeggen. Je verzwakt je vrouws vertrouwen in jou: waarom zou zij wel vertrouwen hebben in jouw wijsheid als je dat zelf niet hebt?

Wanneer je je diepe waarheid verloochent om je vrouw te plezieren, zal iedereen je gebrek aan authenticiteit voelen. Ze zullen voelen dat achter je onechte glimlach een innerlijke verdeeldheid schuilgaat. Je kinderen, vrienden en collega's zullen misschien van je houden, maar ze vertrouwen je niet, omdat jij de intentie van je eigen kern niet vertrouwt. En wat belangrijker is, je eigen gevoel van onechtheid zal je vermogen in de weg staan om met helderheid te handelen. Je handelingen zullen niet overeenstemmen met je kern.

Als je echter naar je vrouw luistert, alles wat zij zegt in aanmerking neemt en zelf de beste beslissing neemt, handel je in overeenstemming met je kern. Je zegt in feite: 'Mijn diepste wijsheid brengt mij tot deze beslissing. Als ik het bij het verkeerde eind heb, zal ik ervan leren en mijn wijsheid zal zich verdiepen. Ik ben bereid het bij het verkeerde eind te hebben en erdoor te groeien. Ik heb vertrouwen in dit proces van handelen vanuit mijn diepste wijsheid.'

Deze houding van zelfvertrouwen wekt vertrouwen in jou bij anderen. Je hebt het misschien bij het verkeerde eind, maar je bent bereid daarachter te komen en zo te groeien door de ervaring. Je staat ervoor open om naar anderen te luisteren, maar uiteindelijk neem je zelf de verantwoordelijkheid om je eigen beslissing te nemen. Niemand anders kan de schuld gegeven worden.

Wanneer je echter je eigen beslissing opgeeft om die van je vrouw te volgen, zul je haar de schuld geven als ze het bij het verkeerde eind heeft, en je zult je onbevredigd voelen als ze gelijk heeft, omdat je jezelf de mogelijkheid ontzegd hebt om vanuit je kern te handelen en door je fouten te groeien. Sta ervoor open om je gevoel te veranderen dat gebaseerd is op wat je vrouw ook maar aan je onthult – door haar woorden of haar lichaamstaal – en neem dan je eigen beslissing, gebaseerd op je diepste intuïtieve wijsheid en kennis. Je beslissing kan goed of fout zijn, maar wat er ook gebeurt, je doet het zo goed mogelijk en je zult in de toekomst nog beter kunnen handelen.

7

STEL JE LEVENSDOEL BOVEN JE RELATIE

Iedere man weet dat zijn hoogste doel in het leven niet herleid kan worden tot een bepaalde relatie. Wanneer een man prioriteit geeft aan zijn relatie boven zijn hoogste doel, verzwakt hij zichzelf, bewijst het universum een slechte dienst en berooft zijn vrouw van een authentieke man die haar volledige, onverdeelde aanwezigheid kan bieden.

Geef toe aan jezelf dat als je zou moeten kiezen tussen de perfecte intieme relatie of je hoogste doel in het leven bereiken, je ervoor zou kiezen je doel te verwezenlijken. Juist deze zelfkennis neemt vaak veel van de druk weg die een man voelt om zijn relatie prioriteit te geven, terwijl die in werkelijkheid niet zijn hoogste prioriteit is.

Je missie is je prioriteit. Als je je missie niet kent en je leven er niet aan hebt aangepast, zal je kern leeg aanvoelen. Je aanwezigheid in de wereld zal zwakker worden, zoals ook je aanwezigheid bij je intieme partner. De volgende keer dat je merkt dat je 'toegeeft aan' je vrouw, en je je missie uitstelt en je werkelijke doel verloochent om tijd met haar door te brengen, stop dan. Vertel je vrouw dat je van haar houdt, maar dat je je hartsdoel niet kunt verloochenen. Vertel haar dat je dertig minuten (of een bepaalde tijd) met haar door zult brengen in absolute aandacht en totale aanwezigheid, maar dan terug moet om verder te gaan met je missie.

Je vrouw zal meer voldaan zijn met dertig minuten onverdeelde aandacht en verrukkelijke liefde per dag dan met een paar uur van je zwakke en verdeelde aanwezigheid, omdat je hart er niet werkelijk bij is. Tijd die je doorbrengt met je vrouw, moet tijd zijn die je het liefst van alles met haar doorbrengt. Als je eigenlijk liever iets anders zou doen, dan zal ze dat voelen. Jullie zullen dan beiden niet voldaan zijn.

8

GA NET IETS VERDER

De groei van een man wordt op elk willekeurig moment geoptimaliseerd als hij net iets over zijn grens gaat, net iets verder gaat dan zijn vermogens en angsten toelaten. Hij moet niet te gemakzuchtig zijn, tevreden blijven hangen in zekerheid en comfort. Hij moet zijn grens ook weer niet te ver overschrijden en zichzelf onnodig onder druk zetten, waardoor hij niet in staat is zijn ervaring te verwerken. Hij moet maar een klein stukje over de rand van zijn angst en ongemak gaan. Voortdurend. In alles wat hij doet.

Als je eerlijk bij jezelf hebt vastgesteld waar je echte grens ligt, is het het beste om er net iets over te gaan. Er zijn maar weinig mannen die het lef hebben dit te doen. De meeste mannen nemen ofwel genoegen met de gemakkelijke weg ofwel overstijgen zichzelf door de extreme, moeilijke weg te gaan. Door je onzekerheid ga je wellicht aan jezelf twijfelen, en dan neem je de gemakkelijke weg, waardoor je zelfs niet in de buurt komt van je echte grens of je werkelijke gave. Aan de andere kant kan je onzekerheid ertoe leiden dat je maar door blijft gaan, om te proberen je gevoel dat er iets ontbreekt te overwinnen.

In beide gevallen ga je je werkelijke toestand van het moment uit de weg en die is vaak angst. Als je op een gespannen manier je angst uit de weg gaat, kun je niet van je angst bevrijd raken.

Je angst is je meest bepalende factor. Je moet hem kennen. Je moet hem vrijwel voortdurend voelen. Angst moet je vriend worden, zodat je je er niet meer ongemakkelijk bij voelt. Bovendien: primaire angst geeft aan dat je aan je grens bent. Door bij de angst te blijven, door op je grens te blijven, kan werkelijke transformatie plaatsvinden. Wanneer je noch gemakzuchtig, noch agressief bent en met je grenzen speelt, kun je het moment waarnemen zoals het werkelijk is. Je bent bereid te zijn met wat is, in plaats van te proberen eraan te ontsnappen door je ervan terug te trekken of te proberen eraan te ontsnappen door verder te gaan naar een of ander toekomstig doel.

De angst voor angst kan ertoe leiden dat je je afzijdig houdt en minder van het leven maakt dan je zou kunnen. De angst voor angst kan er ook toe leiden dat je te ver doorgaat en een onecht leven leidt, weg van het middelpunt. Je leeft gespannen en het moment ontgaat je. Maar het vermogen om dat moment te voelen, met inbegrip van je angst, zonder te proberen eraan te ontsnappen, creëert een toestand van levendige en nederige spontaniteit. Je bent klaar voor het onbekende wanneer het zich ontvouwt, omdat je niet meer afgehouden wordt van het moment. Je hangt net over het randje.

Door net voorbij je angst te gaan, tart je je grenzen vol mededogen, zonder te proberen te ontkomen aan het gevoel van angst zelf. Met een open hart zet je een stap voorbij de vaste grond van zekerheid. Je staat in de ruimte van onwetendheid, gevoelig en wakker. Hier zal de kracht van het diepe zijn je begeleiden naar de enige plaats waar angst tot het verleden behoort: het eeuwige vrije thuis. Waar je altijd bent.

Erken je angst en ga net iets verder. In elk aspect van je leven. Begin er nu mee.

9

HANDEL UIT LIEFDE

De manier waarop een man de wereld ingaat, moet dezelfde zijn als de manier waarop hij zijn vrouw binnengaat: niet louter voor persoonlijk gewin of plezier, maar om liefde, openheid en diepte te versterken.

Wanneer je de volgende keer met je vrouw de liefde bedrijft, voel dan je grootste verlangen. Je diepste verlangen in het leven. Voel waarom je iets, wat het ook is, doet in het leven en, in het bijzonder, waarom je je verenigt met je geliefde. Er zijn misschien wel minder belangrijke redenen, maar wat is je diepste, belangrijkste reden?

De belangrijkste reden voor de meeste mannen om iets te doen hangt samen met het ontdekken van hun diepste waarheid, het genieten van totale vrijheid en liefde, en het schenken van hun grootste gaven.

Toch nemen veel mannen er genoegen mee dat ze slechts een klein beetje vrijheid en liefde ervaren door maar gedeeltelijk hun gaven schenken. Ze hebben de vrijheid om een mooie auto te kopen, om vrij vaak liefdevolle seks te hebben en om 's zondags uit te slapen. Op gulle wijze schenken ze het geld dat ze over hebben, aan een goed doel, kopen liefdevol een ring met een diamant voor hun vrouw en coachen opgewekt een voetbalteam. Dit zijn plezierige vrijheden en echte cadeaus die een belangrijk verschil maken in een mensenleven. Maar voor veel mannen is dit nog steeds niet genoeg.

De vrijheid of liefde die ze hebben verwezenlijkt en de manier waarop zij hun gaven hebben geschonken, laten een gevoel van onvolledigheid achter. Er ontbreekt nog iets. Er is nog steeds een verlangen om een stap verder te gaan, om zichzelf te bevrijden, om van het leven te genieten zonder een subtiel gevoel van beperking, eenzaamheid, onderliggende spanning en angst. En hoe hard ze ook hun best doen, veel mannen blijven het gevoel houden dat ze hun grootste gave niet geven. Hun leven, evenals hun seksleven, voelt in zijn kern enigszins onecht aan.

Wanneer een man zijn werkelijke seksuele gave aan zijn vrouw geeft, gaat hij bij haar binnen en laat hij haar bloeien in liefde. Hetzelfde geldt voor de wereld. Om je vrouw en de wereld echt te doen bloeien zijn authenticiteit, volharding en moed vereist. Een man moet de waarheid kennen die zich in zijn kern bevindt en bereid zijn al zijn gaven te schenken. Zonder terughoudendheid. Hij moet bereid zijn zijn seks en zijn leven te wijden aan de grote liefde door zijn vrouw en de wereld zijn werkelijke gaven te schenken. Deze bereidheid is zeldzaam.

Veel mannen zijn bereid hun vrouw op een middelmatige wijze op te winden, waarbij ze een paar orgasmen en enkele emotionele momenten van verbondenheid met haar delen voordat ze het programma voor de volgende dag doornemen. Veel mannen zijn bereid op een middelmatige wijze de wereld op te winden door wat geld te verdienen en genoeg positiefs aan de wereld bij te dragen om niet het gevoel te hebben dat hun leven een totale verspilling is.

Heel weinig mannen zijn echter bereid de daad echt uit te voeren en alles wat ze hebben te gebruiken om hun vrouw en de wereld te bevrijden en te voeren naar de diepst mogelijke waarheid, liefde en openheid. Weinig mannen zijn bereid hun diepste gaven, hun ware talent, de poëzie van hun diepste wezen te geven bij elke daad op het gebied van de seks en het leven. De meeste mannen zijn verzwakt door twijfels en onzekerheden. Of ze gebruiken hun ware kracht niet omdat ze angst hebben. Ze naaien hun vrouw en de wereld net genoeg om er het plezier en de vertroosting uit te halen die ze nodig hebben om het zeurderige gevoel van onechtheid en onvolledigheid te verzachten.

Maar als je bereid bent je waarheid te ontdekken en te omarmen, door je angst heen te gaan en alles te geven wat je hebt, kun je de wereld en je vrouw binnengaan vanuit de kern van je wezen en ze grenzeloos in liefde laten bloeien. Je kunt je vrouw zo in verrukking brengen dat haar overgave je hart tot een bron van licht maakt. Je kunt de wereld binnendringen met zo'n duurzame liefde dat de wereld opengaat en je diepste gaven in ontvangst neemt.

Er is geen essentieel verschil tussen het vrouwelijke hart van je vrouw binnengaan en volledig de wereld binnengaan. Beide vormen van gemeenschap, geslachtelijk en wereldlijk, vereisen sensitiviteit, spontaniteit en een sterk verbonden zijn met de diepe waarheid om op een dusdanige manier in chaos en afsluiting te kunnen doordringen dat liefde overheerst.

Een vrouw, noch de wereld is voorspelbaar. Ze zullen zich vaak tegen je gaven lijken te verzetten en je volhardingsvermogen testen. En even zeker zullen ze gevoelig reageren op de authenticiteit van je ontspannen diensten, de vrijheid die tot uiting komt in je humor en de invasie van je vermurwende liefde. Ze zullen zich openen in liefde en je met heel hun hart ontvangen – om zich enkele ogenblikken of dagen later weer te verzetten en je te testen. Een vrouw, noch de wereld kun je voor de gek houden of bedotten. Ze weten dat je maar wat aan het lummelen bent. Ze willen je zoals je echt bent.

Er zijn twee manieren om met vrouw en wereld om te gaan zonder afbreuk te doen aan je ware gaven of de kracht van je diepste wezen te verspillen. Eén manier is om af te zien van seksuele intimiteit en wereldlijkheid en je volledig, zonder je te laten afleiden of compromissen te sluiten, te wijden aan het pad dat je gekozen hebt, vrij van de ogenschijnlijk voortdurende eisen van vrouw en wereld.

De andere manier is om beide aan flarden te 'neuken', ze in verrukking te brengen met je ontblote liefde, je ware gaven te schenken, ondanks de voortdurende worsteling van vrouw en wereld, je authentieke gaven te laten smelten in deze frictie van tegenstand en overgave, om liefde te geven vanuit de vrijheid van je diepste wezen, zelfs wanneer je lichaam en geest gelukzalig sterven door een kruisiging van onvermijdelijk plezier en pijn, aantrekking en afstoting, winst en verlies. Alle gaven worden gegeven. De diepte van zijn is onbegrensd. Er zijn slechts openheid, vrijheid en liefde als de nalatenschap van je gemeenschap met vrouw en wereld.

Als je met vrouw en wereld 'samenkomt', kun je het beter goed doen en ze in verrukking brengen vanuit de diepten van je ware kern en ze laten opbloeien door de grote gaven van je niet-versagende hart. Anders, als je het halfbakken doet, alleen om je eigen behoeften te bevredigen, zullen je vrouw en de wereld je gebrek aan toewijding, diepte en waarheid voelen. In plaats van zich in liefde aan jouw liefhebben over te geven, zullen ze je afleiden, je energie wegzuigen en je in eindeloze verwikkelingen verzeild doen raken, zodat je leven en relatie een bijna constante zoektocht worden naar de bevrijding van de beperkingen.

Je kunt een kluizenaar zijn en alleen leven, gescheiden van vrouw en wereld. Maar als je kiest voor een leven van seksuele en wereldlijke gemeenschap, zul je het gevoel hebben in de val te zitten van vrouw en wereld, tenzij je vrij bent tijdens het ware liefdesspel, omdat je je zonder terughoudendheid geeft en opgaat in de openheid van de liefde. Zonder twijfel is dit de weg van de echte man.

10

WEES BLIJ MET KRITIEK VAN JE VRIENDEN

Het vermogen van een man om de directe kritiek van een andere man te ondergaan is een maatstaf voor zijn vermogen om mannelijke energie te ontvangen. Wanneer hij geen goede relatie heeft met mannelijke energie (bijvoorbeeld zijn vader), zal hij zich als een vrouw gedragen en gekwetst zijn of een verdedigende houding aannemen in plaats van te profiteren van de kritiek van andere mannen.

Ongeveer één keer per week moet je met je beste mannelijke vrienden rond de tafel gaan zitten en praten over wat je in je leven aan het doen bent en over wat je niet durft te doen. Het gesprek dient kort en eenvoudig te zijn. Vertel waar je mee bezig bent. Vervolgens moeten je vrienden een gedragsexperiment met je uitvoeren door je iets te laten doen wat jou duidelijkheid verschaft of je meer vrijheid in je leven geeft.

Jij zou bijvoorbeeld kunnen zeggen: 'Ik wil een verhouding met Denise, maar ik wil mijn vrouw geen pijn doen. Ik ben bang dat ze erachter komt.'

'Je praat nu al een halfjaar over Denise. Je verspilt je levensenergie aan deze fantasie. Of je gaat morgenavond met haar naar bed, of je laat de hele zaak varen en praat er met geen woord meer over,' zouden je vrienden kunnen zeggen om je aarzeling en middelmatigheid te tarten.

'Oké, ik weet dat ik het niet zal doen. Ik zie nu in dat ik te bang ben dat ik mijn huwelijk kapotmaak als ik een verhouding met Denise begin. Mijn huwelijk is belangrijker dan mijn verlangen naar Denise. Ik laat het vallen en richt me weer op de prioriteiten in mijn leven. Bedankt.'

Je goede vrienden moeten bereid zijn je middelmatigheid te tarten door je voor te stellen iets concreets te doen wat je op de een of andere manier uit de sleur haalt. En jij moet evenzo bereid zijn eerlijk tegen hen te zijn, als jullie tenminste allemaal willen groeien. Goede vrienden tolereren geen middelmatigheid van elkaar. Als je tot de rand bent gegaan, moeten je vrienden dat respecteren, maar je niet uit de puree helpen. Zij moeten je angsten respecteren en je er liefdevol toe blijven aanzetten om voorbij je angsten te gaan, zonder druk op je uit te oefenen.

Als je alleen maar steun wilt van je vrienden en geen uitdaging, getuigt dat van een onopgelost probleem dat je misschien met je vader hebt, of hij nu leeft of dood is. De vaderkracht is de kracht van liefdevolle uitdaging en leiding. Zonder deze mannelijke kracht in je leven is er geen controle over je richting en sudder je waarschijnlijk in de pulp van je eigen dubbelzinnigheid en besluiteloosheid. Je goede vrienden kunnen zorgen voor het heldere licht van de liefde – omdat ze je de waarheid durven zeggen – waardoor je de richting ziet die je werkelijk wilt gaan.

Kies vrienden die zelf op hun grens leven, die hun angsten onder ogen zien en ze overwinnen. Dit soort mannen kan van je houden zonder je te beschermen tegen de noodzakelijke confrontatie met de realiteit in je leven. Je moet erop kunnen vertrouwen dat deze vrienden je dingen over je leven zullen vertellen zoals zij ze zien, dat ze je iets voorstellen te doen wat licht zal werpen op jouw eigen positie en dat ze je de steun geven die nodig is om in vrijheid te leven net voorbij je grens, wat niet altijd, of zelfs meestal niet, gemakkelijk is.

11

ALS JE NIET WEET WAT JE LEVENSDOEL IS, ONTDEK HET DAN, NU

Zonder een bewust doel in het leven is een man geheel de weg kwijt, zwalkt hij rond en past zich aan gebeurtenissen aan in plaats van gebeurtenissen te creëren. Wanneer hij niet weet wat zijn levensdoel is, leidt een man een verzwakt, impotent bestaan en wordt uiteindelijk misschien zelfs seksueel impotent, of neigt naar mechanische en onbaatzuchtige seks.

De kern van je leven is je doel. Alles in je leven, van je dieet tot je carrière, moet afgestemd zijn op je doel als je met samenhang en integriteit in de wereld wilt handelen. Als je doel, je diepste verlangen kent, dan is het geheim van succes dat je discipline brengt in je leven, zodat je je hoogste doel steunt en de afleiding en omwegen zo klein mogelijk maakt.

Maar als je je diepste verlangen niet kent, kun je je leven er niet op afstemmen. Alles in je leven is afgescheiden van je kern. Je gaat naar je werk, maar omdat het niet verbonden is met je hoogste doel, is het gewoon maar een baan, een manier om geld te verdienen. Je doet de dagelijkse dingen met je gezin en je vrienden, maar elk moment is niet meer dan gewoon een ander moment in een reeks van momenten, zonder richting, zonder diepgang.

Gescheiden van je kern voel je je zwak. Het lege gevoel zal niet alleen je 'erectie' in de wereld ondermijnen, maar ook je erectie bij je vrouw.

Wanneer je echter je ware doel kent, dat je diepste verlangen in het leven is, kan elk moment een volledige uitdrukking van je diepste verlangen worden. Elk ogenblik van je carrière, elk ogenblik van intimiteit is vervuld van de kracht van je hartsdoel. Je doet de dingen op je werk en bij je vrouw niet meer alleen voor de vorm, maar je leeft de waarheid van je leven en geeft de geschenken van je liefde, van moment tot moment. Zo'n leven is elk ogenblik volmaakt van zichzelf.

De echte man zoekt niet naar vervulling door zijn werk en zijn vrouw, omdat hij al vervuld is. Voor hem zijn werk en intimiteit mogelijkheden om zijn gaven te schenken en te verdwijnen in de gelukzaligheid van het geven.

12

WEES BEREID ALLES IN JE LEVEN TE VERANDEREN

Een man moet bereid zijn zich honderd procent in te zetten voor zijn doel, zijn karma verwezenlijken en het oplossen, en dan die bepaalde levenswijze opgeven. Hij moet ertegen kunnen dat hij niet weet wat hij met zijn leven aan moet, omdat er altijd periodes van onwetendheid zullen zijn waarin hij moet wachten tot zich een visie of nieuw soort doel aandient. Deze cycli van sterk specifiek handelen gevolgd door perioden van helemaal niet weten wat er gebeurt, zijn vanzelfsprekend voor een man die lagen karma afschudt wanneer hij leeft volgens zijn waarheid.

Als je je ervoor openstelt om op de rand te leven, zal je diepste doel zich langzaam aan je bekend maken. Intussen zul je ervaren dat je doelen laag na laag steeds dichter bij de verwezenlijking van je hoogste doel komen. Het is alsof je hoogste doel zich in het middelpunt van je wezen bevindt en omgeven is door lagen van concentrische cirkels, waarvan elke cirkel een lager (minder hoog doel) doel vertegenwoordigt. Je leven bestaat uit het doordringen in elke cirkel, van buitenaf naar het middelpunt.

De buitenste doelen zijn vaak de doelen die je geërfd of geleerd hebt van je ouders en je jeugdervaringen. Misschien was je vader een brandweerman, dus wilde jij ook brandweerman worden. Of je hebt, in reactie op hem, besloten een brandstichter te worden. Hoe het ook zij, de buitenste cirkels, de doelen die je je vaak in het begin van je leven stelt, zijn zeer waarschijnlijk slechts een vage benadering van je hoogste doel.

Als het je hoogste doel is te mediteren en God te verwezenlijken, ontdek je wellicht dat je je voordat je je hier volledig aan kunt wijden door de concentrische cirkels heen moet werken van spelen met seksuele partners, drugs gebruiken, trouwen, kinderen grootbrengen, een carrière opbouwen en ten slotte, wanneer je fascinatie en behoefte om dat alles te doen zijn verdwenen, een begin moet maken met fulltime meditatie.

Wanneer je elke laag oplost en je naar het middelpunt beweegt, zul je steeds meer gaan leven vanuit je hogere doelen, en vervolgens vanuit je hoogste hartendoel, wat dat ook moge zijn, op elk moment. Waarschijnlijk leef je echter nog niet vanuit je hoogste doel. Waarschijnlijk moet je het karma oplossen, of de behoefte bevredigen van het huidige doel, dat je fascineert en afleidt.

Je voelt je gemakkelijk teleurgesteld door het leven; succes geeft nooit zoveel vervulling als je denkt dat het zal geven. Maar hier is een reden voor. Met succes een minder hoog doel verwezenlijken geeft niet voor een erg lange tijd een goed gevoel, omdat het slechts een voorbereiding is op het bereiken van je hogere doel. Je dient je voor elk doel, voor elke missie volledig in te zetten, tot het punt waarop het leeg, saai en nutteloos wordt. Dan moet het aan de kant geschoven worden. Dit is een teken van groei, maar je ziet het misschien ten onrechte als een teken van mislukking.

Je begint bijvoorbeeld met een zakelijke onderneming, je werkt er verscheidene jaren aan, en plotseling verlies je alle interesse. Je weet dat als je er nog een paar jaar mee door zou gaan, het je financieel veel meer zou opleveren dan wanneer je er nu mee stopte. Maar je voelt je niet meer geroepen. Je bent niet meer geïnteresseerd in de onderneming. Je hebt de laatste jaren dat je aan de onderneming werkte bepaalde vaardigheden ontwikkeld, maar het is nog geen algeheel succes. Nu je de vaardigheden hebt, vraag je je misschien af of je ermee door moet gaan en de onderneming tot een succes moet maken, zelfs al is het werk leeg voor je gevoel.

Wel, misschien kun je er ook beter mee doorgaan. Misschien blaas je de aftocht wel te snel, bang om te slagen of te mislukken, of gewoon te lui om vol te houden. Dit is één mogelijkheid. Vraag goede vrienden van je of zij denken dat je gewoon stoom afblaast, gas terugneemt, of dat je bang bent de onderneming tot een goed eind te brengen. Als zij denken dat je te snel de aftocht blaast, ga dan door. Het is echter ook mogelijk dat je op dit gebied je karma hebt verwezenlijkt. Het is mogelijk dat je één laag van het doel verwezenlijkt hebt en nu op weg bent naar een andere laag van het doel, dat dichter bij je hoogste doel ligt.

De tekenen die duiden op vervulling of verwezenlijking van een laag van het doel zijn onder andere:

1 Je hebt plotseling totaal geen belangstelling meer voor een onderneming of missie die je, kort tevoren nog, zeer motiveerde.
2 Je hebt er tot je verbazing totaal geen spijt van dat je met de onderneming begonnen bent of dat je ermee gestopt bent.
3 Ook al heb je misschien geen flauw idee wat je nu gaat doen, je voelt je helder, niet verward en, vooral, onbelast.
4 Je voelt een toename van energie bij het vooruitzicht niet langer bij de onderneming betrokken te zijn.
5 De onderneming lijkt iets dwaas, zoals schoenveters verzamelen of je huis behangen met benzinebonnetjes. Natuurlijk kun je dat doen, maar waarom zou je?

Als je deze tekenen ervaart, is het waarschijnlijk tijd om te stoppen met werken aan deze onderneming. Je moet echter wel op de juiste wijze een einde aan je betrokkenheid maken en je ervan vergewissen dat er geen onopgeloste zaken blijven liggen en dat je iemand geen moeilijkheden bezorgt door te stoppen. Dit kan enige tijd duren, maar het is belangrijk dat deze laag van je doel op zuivere wijze tot een eind komt en geen nieuw karma maakt, of een verplichting, die jou of anderen in de toekomst zal belasten.

De volgende laag van je doel wordt wellicht onmiddellijk duidelijk. Dit gebeurt echter meestal niet. Na één laag van het doel verwezenlijkt te hebben, weet je misschien niet wat je met je leven aan moet. Je weet dat de oude onderneming voor jou voorbij is, maar je weet niet zeker wat er zal komen. Op dit punt aangekomen moet je op een visie wachten.

Je kunt dit proces op geen enkele manier versnellen. Je moet misschien een tussendoorbaantje zoeken om rond te komen tot de volgende laag duidelijk wordt. Of misschien heb je wel genoeg geld om gewoon te wachten. Hoe dan ook, het is belangrijk om je open te stellen voor een visie van wat er zal volgen. Je blijft open voor een visie van je hogere doel door je tijd niet te vullen met dingen die je afleiden. Kijk geen televisie en doe geen computerspelletjes. Ga niet elke avond met je vrienden een biertje drinken en ga niet uit met een heel stel vrouwen. Wacht gewoon af. Je wilt misschien in retraite gaan op een afgelegen plek en op jezelf zijn. Wat je ook besluit te doen, houd jezelf bewust open en beschikbaar om een visie te ontvangen van wat er zal volgen. De visie zal zeker komen.

Wanneer die komt, is het meestal geen gedetailleerde visie. Je hebt waarschijnlijk wel enig besef van de richting die je uit moet gaan, maar de praktische stappen die je moet nemen, worden wellicht niet duidelijk. Als de impuls opwelt, handel dan. Wacht niet op de details. Leer met vallen en opstaan wat het is dat je moet doen.

Misschien was je bijvoorbeeld een effectenmakelaar en je hebt die bepaalde laag van het doel afgerond. Je hebt wat geld gespaard en nu wacht je op een visie van je volgende laag. Na drie weken waarin je bijna gek wordt, omdat je niet weet wat je met je leven aan moet, begin je het gevoel te krijgen dat je met mensen wilt werken. Je begint te fantaseren over hoe je je financiële vaardigheden kunt aanwenden om mensen te helpen hun eigen bedrijf op te zetten. Je hebt een paar vrienden die grote plannen hebben om de wereld te redden, maar het zijn waardeloze zakenlui en ze schijnen de dingen maar niet van de grond te krijgen. Dus je belt hen op en biedt je hulp aan.

Terwijl je hen helpt, tracht je voortdurend de 'groef' van je doel te voelen. Er zijn misschien een paar valse starts, maar uiteindelijk zul je merken dat tientallen non-profitgroepen je opbellen en je om advies vragen. Je hebt het gevoel dat het universum je in deze richting steunt. Je hebt geen idee of je door dit te doen je geld kunt verdienen, maar voorlopig voelt het goed. Dus ga je er helemaal voor. Je schenkt je gaven voor de volle honderd procent, zonder iets achter te houden.

Algauw ontdekt een welgesteld iemand wat je aan het doen bent. Hij heeft bewondering voor je algehele toewijding en je gerichtheid op het dienen van anderen. Hij wordt je beschermheer. Nu heb je het voor elkaar. Je hebt een goed inkomen, je doet dingen die je echt wilt en je helpt anderen. Wat je doet, doe je met liefde, dus wek je liefde op in degenen met wie je in contact komt. Je leven voelt vol.

En dan op een dag, een paar jaar later, is het afgelopen. Deze laag is opgelost. En de cyclus begint opnieuw, en opnieuw, totdat je door alle lagen heen bent en bij je hoogste doel komt. Dan handel je totaal, totdat ook dat doel is opgelost in de gelukzaligheid van de liefde die je bent.

13

GEBRUIK JE GEZIN NIET ALS EXCUUS

Als een man nooit zijn hoogste doel ontdekt of als hij er voortdurend compromissen voor sluit en zijn gezin gebruikt als excuus om dit te doen, dan wordt zijn kern zwakker en boet hij aan diepte en aanwezigheid in. Zijn vrouw verliest het vertrouwen in hem en vindt bij hem niet meer de seksuele polariteit, hoewel hij misschien wel veel energie steekt in de zorg voor de kinderen en het huishouden. Een man behoort natuurlijk volledig deel te hebben aan de zorg voor de kinderen en het huishouden. Maar wanneer hij zijn hoogste doel daarvoor opgeeft, heeft iedereen daar uiteindelijk onder te lijden.

Zorg voor de kinderen en het huishouden zoveel als je wilt. Bedenk echter wel dat als je te lang je ware doel opgeeft om dat te kunnen doen, je niemand echt helpt. Voor de kinderen zorgen, evenals elke verplichting op het gebied van liefde die verantwoordelijkheid meebrengt, vereist dat je je eigen persoonlijke voorkeuren overstijgt omwille van de grotere verplichting, omwille van de gedienstigheid aan de liefde. Dit is een natuurlijk onderdeel van het gezinshoofd zijn. Je kunt daarvoor echter niet je hoogste doel verloochenen (opgeven), want dan zul je gefrustreerd raken en uiteindelijk genoegen nemen met een minder leven dan je weet dat je zou kunnen hebben.

Deze zelfovergave zal ook opgemerkt worden door je vrouw en je kinderen. Zij zullen je zwakheid voelen. Je vrouw zal meer het roer in handen gaan nemen dan ze eigenlijk wil, omdat jij daar zelf duidelijk niet toe in staat bent, en iemand moet het doen. Je kinderen zullen je testen als het erom gaat of je hun discipline bij kunt brengen, omdat zij jouw gebrek aan authentieke zelfdiscipline voelen. Je kunt proberen wat je wilt, maar als je eenmaal je eigen grote doel hebt ontkend, zal je gezin een plek worden waar iedereen je vermogen test om voet bij stuk te houden, en jij zult de verliezer zijn.

Het is duidelijk dat je, als vader of gezinshoofd, je liefde, je kundigheid en tijd aan je gezin wilt geven. Je zult er plezier aan beleven en het zal ook noodzakelijk zijn. Het motief om tijd te besteden aan het gezin hoeft voor beide partners niet hetzelfde te zijn, en dit dient voor ieder paar een voortdurende ontdekking te zijn. Het motief kan in de loop van de tijd voor zowel vrouwen als mannen veranderen, omdat hun leven door verschillende stadia gaat.

De prioriteit van het vrouwelijke, in zowel mannen als vrouwen, is het stromen van liefde in de relatie. De prioriteit van het mannelijke, in mannen en vrouwen, is de missie die naar vrijheid leidt. Uiteindelijk zijn ware vrijheid en ware liefde hetzelfde. De reis van het mannelijke en vrouwelijke naar deze eenheid van liefde en vrijheid is echter heel verschillend.

Als je vrouw een meer vrouwelijke essentie heeft dan jij of als ze zich in een meer vrouwelijke fase van het leven bevindt dan jij, zal haar prioriteit het laten stromen van liefde in haar leven zijn: haar kern zal veel meer vervuld zijn van de liefde die ze deelt met de kinderen dan jouw kern. Jij zult je ook heel vervuld voelen van de liefde die je met je kinderen deelt, maar als je een mannelijke kern hebt of als je in een mannelijke fase van je leven bent, zal deze vervulling je diepste delen niet op dezelfde manier raken. Zelfs wanneer je precies evenveel van je kinderen houdt als je vrouw, zal je relatie met hen slechts een onderdeel zijn van je hoogste levensdoel.

Wat is je hoogste levensdoel? Voor sommige mannen is

dat inderdaad hun gezin. Als je tot deze mannen behoort, dan houd je je waarschijnlijk niet bezig met de kwestie of je je gezin wel of niet als excuus gebruikt. Veel mannen voelen echter een diepere roeping, hoeveel ze ook van hun gezin houden. Als zij in hun leven niet trouw zijn aan deze roeping, wordt hun kern zwakker, ook al houden ze oprecht van hun gezin en willen ze ervoor zorgen.

Wanneer je weet welke richting je op moet en daar volledig naar leeft, is je kern levendig en sterk. Je kinderen voelen dit intuïtief. Ze zullen anders reageren op je helderheid en aanwezigheid dan ze zullen reageren op je dubbelzinnigheid – dubbelzinnigheid die een gevolg is van het feit dat je bent afgeweken van je hoogste doel, omdat je vindt dat het 'juist' of 'eerlijk' is dat je tijd met hen doorbrengt. Een korte periode met een vader die volkomen aanwezig is, vol liefde, onverdeeld vanbinnen en zeker van zijn missie in het leven, zal een veel positievere invloed op je kinderen hebben dan wanneer ze (heel) veel tijd doorbrengen met een vader die dubbelzinnig is in zijn intentie en het contact met zijn hoogste doel heeft verloren, ook al houdt hij nog zoveel van hen.

Kinderen leren het meeste van hun ouders door osmose. Wanneer hun vader op subtiele wijze verzwakt is en compromissen sluit, zal dit hun ervaring van zijn liefde beïnvloeden. Net zoals jij bij je vader deed, zullen je kinderen onbewust je emotionele gedrag kopiëren of erop reageren. Jouw wezenlijke gemoedstoestand – rustig wanneer je leeft naar je hoogste doel of angstig door de dubbelzinnigheid van je intentie – wordt een onderdeel van het thuis van je kinderen.

Wanneer jij en je vrouw beiden werken, is het beter om regelingen te treffen met andere gezinnen om gezamenlijk voor de kinderen te zorgen of om iemand in te huren die je met je kinderen helpt, dan voortdurend compromissen te sluiten aangaande je hoogste doel en waarheid omdat je het gevoel hebt dat je dat moet doen om meer tijd met je kinderen door te brengen. Het is niet de hoeveelheid tijd, maar de kwaliteit van de interactie die de groei van een kind het meest beïnvloedt. Kinderen zijn uiterst gevoelig voor gemoedsgesteldheden. Wanneer je niet volledig in je kern bent, verbonden met je hoogste doel en een leven leidend van authentieke toewijding, zullen je kinderen dat voelen.

Ontdek wat je hoogste doel is omwille van hen, omwille van jezelf en omwille van je vrouw, geef je volledig aan dit proces en probeer een manier te vinden om bij dit alles je gezin te omarmen. Wees bij je vrouw en kinderen zonder compromis of dubbelzinnigheid. Gebruik je gezin niet als excuus om minder te zijn dan je kunt zijn. Met de geboorteregeling binnen handbereik zijn kinderen een keuze. Wanneer je ervoor kiest gezinshoofd te zijn en kinderen groot te brengen, is het jouw verantwoordelijkheid hun van dienst te zijn met zoveel mogelijk authentieke (waarachtige) liefde, die je alleen kunt geven wanneer je leven in overeenstemming is met je hoogste doel.

Ontzeg je gezin niet je diepste kern en gebruik het niet als excuus om te ontkomen aan het werk dat nodig is om je hoogste visie tot uitdrukking te brengen. Je kunt liefde geven aan je gezin en tegelijkertijd je levenswerk verrichten als je de discipline opbrengt om in de eerste plaats te handelen naar je diepste verlangens. Wanneer je dan bij je gezin bent, ben je 'volledig' bij ze, omdat er geen onafgemaakte zaken in je leven zijn die je afleiden en geen innerlijke dubbelzinnigheid over waar je wilt zijn of wat je werkelijk wilt doen.

14

VERLIES JE NIET IN TAKEN EN WERKZAAMHEDEN

Wat de specifieke kenmerken van het doel van een man ook zijn, hij moet het transcendente element van zijn leven steeds verfrissen door regelmatige meditatie en retraite. Een man moet zich nooit verliezen in de details van zijn leven en vergeten dat, uiteindelijk en inderdaad, het leven op niets anders neerkomt dan wat de diepste waarheid is op dit huidige moment. Van werken wordt een man niet bewuster of vrijer dan hij op dit huidige moment kan zijn.

Je hebt waarschijnlijk bij jezelf geconstateerd dat je in een 'doe-bui' bent. Je bent volkomen geconcentreerd bezig om je werk af te maken. Je wilt niet gestoord worden. Als iemand je onderbreekt met een vraag, negeer je hem of je geeft hem een snel antwoord, zodat je op schema blijft. Zo'n 'doe-bui' is heel gewoon bij mannen. Of je nu probeert iets op de televisie te zien of een verslag tegen middernacht probeert af te hebben, je aandacht is gericht op de taak waar je mee bezig bent en je wilt niet afgeleid worden.

Deze 'doe-bui' is een van de grootste krachten en zwakheden van mannen. Het is geweldig om je langs hindernissen te worstelen en het werk af te maken. En het is goed om gedisciplineerd en vastberaden te blijven. Maar wanneer je je hogere doel vergeet doordat je bezig bent met de kleine en eindeloze taken van het dagelijkse leven, reduceer je jezelf tot een machine.

Zelfs nu, terwijl je dit leest, ben je misschien in een 'doebui' en ga je volledig op in het leesproces. Als je op dit moment dood zou gaan, wat zouden dan je gevoelens van je laatste ogenblik zijn? Voel je het oneindige mysterie van het bestaan, zodat je laatste ogenblik er een zou zijn van ontzag en dankbaarheid? Is je hart zo wijd open dat je laatste ogenblik zou oplossen in volmaakte liefde? Of word je zo in beslag genomen door een of andere taak dat je nauwelijks zou merken dat je doodgaat, tot het allerlaatste moment, woep, en alles is verdwenen?

De test voor je volheid op elk moment is je vermogen om in vrije en liefdevolle overgave te sterven, wetend dat je tijdens je leven alles hebt gedaan wat je kon om je gaven te schenken en de waarheid van het bestaan te kennen. Heb je ten volle liefgehad? Of heb je onuitgesproken gevoelens die je laatste ogenblik met spijt zouden bezoedelen? Boezemt het immense mysterie je voortdurend ontzag in? Of ga je zo op in je werk en plannen dat je het wonder van het bestaan niet meer voelt, dat elk moment tevoorschijn komt uit en oplost in het grote onbekende? Heeft je werkverslaving je oogkleppen opgedaan die de weidsheid van je visie beperken, zelfs nu?

Werk is belangrijk, maar hoeveel je ook werkt, het voegt niets toe aan liefde, vrijheid of volledig bewustzijn. Je kunt nooit genoeg doen en je kunt ook nooit de juiste dingen doen om je uiteindelijk compleet te voelen. Doen is gewoon de aard van je aardse leven. Als je wilt dat je lichaam in leven blijft, moet je eten en ademhalen. Je moet werken, voor de kinderen zorgen en je tanden poetsen. Maar deze dingen zijn slechts de mechaniek van het leven op aarde. Ze benaderen nooit de absolute waarheid van je bestaan.

Wanneer je je werk op de juiste manier doet, maakt het je levensenergie vrij, zodat je je kunt bezighouden met wat werkelijk belangrijk is – het onderzoeken, verwezenlijken en belichamen van ware vrijheid. Weet je wel wat dit betekent? Heb je met volle toewijding geprobeerd de diepste waarheid van je eigen bestaan te ontdekken? Wanneer je werk, nu op dit moment, je leven niet op deze manier ondersteunt, moet je het laten vallen of ander werk gaan doen, zodat het dat wel doet. Anders verspil je je leven.

Terwijl veel vrouwen kostbare tijd verspillen omdat ze dwarrelen in maalstromen en draaikolken van emoties, verspillen mannen hun leven omdat ze proberen allerlei taken te volbrengen. Je beult jezelf af, dag in dag uit, jaar in jaar uit, en je wordt een werkrobot. Sla liever je ogen op, kijk naar de horizon en doe je werk alsof je op een zonnige dag je huis schoonmaakt.

Om jezelf eraan te herinneren hoe onbeduidend je werk van alledag is, kun je je programma onderbreken met bepaalde opfrissers. Deze opfrissers moeten tot je kern gaan en je het naakte moment laten zien. Denk na over je eigen dood. Vorm je een beeld van het meest verlichte wezen dat je kent. Overpeins het mysterie van het bestaan. Ontspan in de diepste en meest waarachtige liefde waartoe je in staat bent. Herinner je, op je eigen wijze, het oneindige, en keer dan terug naar het werk waar je mee bezig was. Zo zul je nooit het perspectief verliezen en gaan denken dat het leven een kwestie van werken is. Jij bent geen luilak. Jij bent het onbegrensde mysterie van de liefde. Wees dat, zonder je werk te vergeten.

15

STOP MET HOPEN DAT JE VROUW SOEPELER ZAL WORDEN

Een vrouw schijnt vaak het vermogen van haar man te testen om onverstoord vast te houden aan zijn waarheid en doel. Zij test hem om zijn vrijheid en de diepte van zijn liefde te voelen, zodat ze weet dat hij te vertrouwen is. Haar testen kan gebeuren in de vorm van klagen, hem uitdagen, van gedachten veranderen, aan hem twijfelen, hem afleiden of op een meer of minder subtiele wijze zelfs zijn doel ondermijnen. Een man moet nooit denken dat er aan het testen van zijn vrouw een eind zal komen en dat hij het makkelijker zal krijgen. In plaats daarvan zou hij het moeten waarderen dat zij deze dingen doet om zijn kracht, integriteit en openheid te voelen. Haar verlangen is gericht op zijn diepste waarheid en liefde. Hoe meer hij groeit, des te meer zij hem zal testen.

Elk moment van je leven is ofwel een test ofwel een feest. Hetzelfde geldt voor elk moment dat je met je vrouw doorbrengt, alleen dan dubbel. Niet alleen is het simpele feit van haar bestaan een test voor je, maar een van de grootste genoegens die ze aan intimiteit beleeft, is jou te testen en dan te voelen dat je door haar uitdagen niet de koers kwijtraakt.

Het meest erotische moment voor een vrouw is te voelen dat je Shiva bent, het goddelijk mannelijke: onverstoorbaar, volledig liefhebbend,volledig aanwezig en allesdoordringend. Ze kan je niet ontroeren, want je bent reeds wat je bent, met of zonder haar. Ze kan je niet bang maken, omdat je haar al penetreert met onbevreesde liefde, die haar hart en lichaam vervullen. Ze kan je niet afleiden, omdat je eenduidige toewijding aan de waarheid niet zal buigen voor haar streken. Wanneer ze deze grootsheid van liefde en vrijheid in jou voelt, kan ze je vertrouwen, volkomen, en haar testen laten varen om de liefde te vieren.

Totdat ze je weer als Shiva wil voelen. En dan begint het testen opnieuw. Ja, juist wanneer je het meest op Shiva lijkt, zal ze je het meest testen.

Misschien heb je naar een bepaald financieel doel toe gewerkt en ben je uiteindelijk geslaagd. Na je maanden of jaren te hebben ingespannen, heb je op creatieve wijze een grote som geld verdiend. Je voelt je gelukkig, voldaan en succesvol. Je voelt je geweldig. Je komt thuis bij je vrouw en wil het nieuws met haar delen.

'Ik heb vandaag een miljoen dollar verdiend.'

'Dat is mooi.'

'Dat is mooi!!?? Je weet hoe hard ik ervoor gewerkt heb.'

'Dat weet ik. Ik heb het gevoel dat ik je in geen maanden gezien heb. Heb je eraan gedacht om op weg naar huis melk te halen?'

'O, sorry, dat ben ik vergeten. Maar wat maakt het uit? We zouden nu een zuivelboerderij kunnen kopen!'

'Ik heb je vanmorgen drie keer gevraagd om melk te halen en ik heb een briefje op je koffertje gedaan. Hoe kon je dat nou vergeten?'

'Ik zeg toch dat het me spijt. Oké, ik ga die melk wel halen...'

Waarom doet ze zo? Omdat ze eenvoudigweg je succes wil kleineren? Nee. Ze daagt je uit, omdat je succes geen snars voor haar betekent als je niet vrij en liefdevol bent. En als je vrij en liefdevol bent, kan niets wat zij zegt je van je stuk brengen. Ze wil voelen dat je niet van je stuk te brengen bent, dus raakt ze je op je zwakke plek.

Natuurlijk weet ze hoeveel dit moment van succes voor je betekent. Dat is precies waarom ze het negeert. Niet omdat ze je wil kwetsen. Maar omdat ze Shiva wil voelen. Ze wil je kracht voelen. Ze wil voelen dat je kracht niet afhankelijk is van haar respons, noch van het feit dat je een miljoen dollar hebt verdiend. Ze wil voelen dat je een echte man bent.

Het is een hele opgaaf om zo vrij te zijn, en op je wat mindere momenten zou je willen dat je vrouw met minder genoegen zou nemen. Maar als je een man bent die ten volle leeft, bereid is om met zijn grenzen te spelen en door moeilijkheden te groeien, dan wil je dat zij je test. Je vindt het misschien niet *leuk*, maar je wilt niet dat ze tevreden is met een kerel die afhankelijk is van de respons van zijn vrouw om gelukkig te zijn. Als je leeft in overeenstemming met je missie, dan ben je wezenlijk gelukkig, ook al beleef je makkelijke en moeilijke tijden. Je hebt de strelingen van je vrouw niet nodig om je missie te vervullen. Je vindt het nog steeds fijn als ze je streelt, maar je hebt mammie niet meer nodig om je te vertellen wat een brave jongen je bent. En je vrouw wil niet dat jij mammie nodig hebt. Eigenlijk wordt ze er ziek van.

Als je vrouw zwak is, neemt ze wellicht genoegen met een zwakke man en zal ze je behoefte bevredigen om je een brave jongen te voelen. Maar als ze een goede vrouw is, een sterke vrouw, dan zal ze je kinderlijke behoefte aan een klopje op de schouder niet tolereren, evenmin als ze je behoefte zal tolereren om groter speelgoed te verzamelen en om bergkoning te zijn. Een goede vrouw zal van het kinderlijke deel van je houden, maar ze wil dat je leven geleid wordt door je diepste waarheden, en niet door de verwaarloosde wonden van je jeugd. Ze wil voelen dat je in je kern de behoefte aan roem en speelgoed van een miljoen dollar bent ontgroeid. Ze wil de door jou zelf ontwikkelde kracht van de waarheid voelen.

Dus zal ze je testen. Ze is zich er misschien niet geheel bewust van waarom ze het doet, maar ze zal, vooral op momenten van oppervlakkig succes, je zwakke plekken bestoken om je kracht te voelen. Als je van je stuk raakt, heb je de test niet doorstaan. Je hebt je door je vrouw laten kleineren. Je hebt je afhankelijk van haar getoond wat betreft uiterlijke bevestiging. Ook al heb je zojuist een miljoen dollar verdiend, je bent een zwakke man. Je vrouw kan je niet volledig vertrouwen.

Als je volledig en sterk, humoristisch en gelukkig blijft en je waarheid niet verstoord wordt door haar testen, dan doorsta je de test.

'Schat, ik haal melk voor je,' zeg je, terwijl je haar beetpakt en op de bank legt, lachend, kussend, diep in haar ogen kijkend en haar geluk 'melkend' met de overtuigende liefde van je strelingen.

Ze kan zich ontspannen en vertrouwen hebben in je Shiva-kern. Ze kan de spanningen rond haar hart loslaten. Je bent te vertrouwen. Je hebt haar bevestiging niet nodig om liefhebbend te zijn. Je *bent* gewoon liefhebbend. Jouw waarheid is liefde. Jouw volledigheid is niet afhankelijk van mammie. Je bent niet alleen een man, je bent een echte man: een man die zijn best doet om als liefde in de wereld en in zijn intieme relatie te leven, een man wiens hart open blijft en wiens waarheid krachtig blijft, zelfs als zijn vrouw hem bekritiseert, een man die er de humor van inziet dat hij melk vergeet te halen op een dag waarop hij een miljoen dollar heeft verdiend.

Dit is het soort man dat je vrouw kan vertrouwen. Nu is het moment een feestelijk moment. Nu kan zij ontspannen en waarlijk deel hebben aan jouw jubelstemming, omdat ze weet dat jouw geluk niet afhangt van haar lofprijzingen. Het zal misschien tien minuten duren. En dan zal ze je opnieuw testen.

Het houdt nooit op. Een vrouw zal haar man altijd testen, omdat ze er plezier aan beleeft zijn kracht te voelen wanneer hij liefheeft, ze voelt graag zijn vermogen om vervelende situaties het hoofd te bieden, zijn volharding in zijn eigen waarheid en zijn vermogen om die waarheid in liefde met haar te delen, zelfs wanneer ze klaagt – *vooral* wanneer ze klaagt. Het klagen is het begin van haar plezier. Het is niet louter kritiek, maar een testen van je Shiva-heid. De kritiek lost geheel en al op in liefde zodra ze je humor en geluk voelt te midden van alle kritiek.

Het houdt nooit op. Dit is het geheim. Je kunt er niet aan ontkomen. Je ontkomt er niet aan door een andere vrouw te zoeken. Je ontkomt er niet aan door in therapie te gaan. Je ontkomt er niet aan door op financieel of seksueel gebied meester te zijn. Je vrouw test je omdat ze van je houdt. Ze wil je waarheid voelen. Ze wil je liefde voelen. En ze wil voelen dat jouw waarheid en liefde sterker zijn dan de stekelige opmerkingen die ze naar je hoofd slingert. Dan kan ze ontspannen en zich overgeven aan de polariteit van man en vrouw. Dan kan ze je vertrouwen.

De meest liefhebbende vrouw is de vrouw die je het meest test. Ze wil dat jij je meest volledige, meest schitterende zelf bent. Met minder neemt ze geen genoegen. Ze weet dat dat zuiver aan je is. Zij weet dat jij diep in je hart vrij bent, dat jij Shiva bent. Tegen alles wat minder is, zal ze vechten. En zoals je weet, is ze daar heel goed in.

Maar als vrij zijn je doel is, zou je het niet anders willen.

DEEL TWEE

OMGAAN MET VROUWEN

16

VROUWEN LIEGEN NIET

'Je woord houden' is een mannelijke trek, zowel in mannen als vrouwen. Iemand met een vrouwelijke essentie houdt misschien haar woord niet, maar het is niet per se 'liegen'. In de vrouwelijke werkelijkheid komen woorden en feiten op de tweede plaats na emoties en de wisselende stemmingen in de relatie. Wanneer zij zegt: 'Ik haat je' of: 'Ik verhuis nooit naar Texas' of: 'Ik heb geen zin om naar de film te gaan', is dat vaak meer een weerspiegeling van een voorbijgaande gevoelsopwelling dan een weloverwogen houding ten opzichte van gebeurtenissen en ervaringen. Anderzijds meent het mannelijke wat het zegt. Een mans woord is zijn erewoord. Het vrouwelijke zegt wat het voelt. Het woord van een vrouw is haar oprechte uitdrukking in het moment.

Wanneer je naar je vrouw luistert, luister dan alsof je naar de zee luistert of naar de wind in de bomen. De geluiden die je van haar hoort, zijn de geluiden van de beweging van haar gevoelsenergie. Natuurlijk zijn er momenten waarop ze op de mannelijke manier spreekt en echt meent wat ze zegt, maar vaker, en bijna altijd op emotionele momenten, is wat ze zegt de stem van haar gevoelens. Haar vrouwelijke taal lijkt veel meer op poëzie dan op een duidelijke agenda met actiepunten. Op een emotioneel moment is wat ze zegt dat ze gaat doen, in werkelijkheid een uitdrukking van wat ze voelt dat ze op dat moment wil doen. Haar gevoelens, en dus wat ze werkelijk gaat doen, zouden in vijf minuten kunnen veranderen.

Telkens wanneer je verrast wordt door de acties van je vrouw en je zegt tegen haar: 'Maar je hebt gezegd...', vergeet je dat ze een vrouwelijke essentie heeft. Wat je vrouw zegt, is als een wolk die voorbijdrijft in de lucht: goedgevormd, samenhangend en enkele ogenblikken later onherkenbaar. De wolk is de fysieke expressie van water, wind en lucht. Je vrouws woorden zijn de fysieke expressie van haar gevoelens, jullie relatie en de speciale omstandigheden – zichtbare en onzichtbare – van de situatie van het moment. Een moment later zijn deze factoren weer anders, en dat geldt ook voor de expressies van je vrouw.

Je vraagt misschien: 'Heb je zin om naar de film te gaan?'

Ze antwoordt: 'Niet echt.'

Dan geef je haar een knuffel, je draait haar in het rond en zegt: 'Kom, we gaan naar de film.'

En zij zegt: 'Oké.'

Ze heeft het niet over haar wens om naar de film te gaan. Ze heeft het over het gevoel dat ze heeft over jullie relatie op dat moment. Als jij, toen ze zei dat ze niet naar de film wilde, had gezegd: 'Oké' en naar de televisie was gaan zitten kijken, dan begrijp je niet waar het om gaat. Ze bedoelt niet echt dat ze niet naar de film wil, ook al is dat wat ze zegt.

Dit is geen liegen. Voor een man, en voor iedereen die op de mannelijke manier spreekt, is iets zeggen wat niet waar is, liegen. Maar voor het vrouwelijke is de waarheid een ijl begrip vergeleken met de dichtheid van haar stroom van gevoelens. De 'waarheid' van het vrouwelijke is wat ze werkelijk voelt, *op dat moment*.

Dus als ze zegt dat ze met jou naar Pittsburgh wil verhuizen, en dan, nadat je het huis hebt verkocht, zegt dat ze niet met jou wil verhuizen, begin dan niet te schreeuwen: 'Maar je hebt gezegd...!' Toen ze de eerste keer tegen je zei dat ze wilde verhuizen, had ze een goed gevoel over de relatie. Toen ze je daarna vertelde dat ze niet wilde verhuizen, had ze een slecht gevoel over de relatie. In plaats van te twisten over wat ze wel of niet gezegd heeft, moet je eerst zorgen dat er liefde stroomt in de intieme relatie.

De basisregel is de volgende: hecht geen geloof aan de letterlijke inhoud van wat je vrouw zegt, tenzij er op het moment dat ze het zegt diepe en volle liefde stroomt. En weet ook dan dat ze het waarschijnlijk heeft over haar huidige gevoelens en niet noodzakelijk over de persoon op wie haar woorden betrekking hebben. Baseer je plannen nooit op wat een vrouw zegt dat ze wil doen, tenzij de liefde vrijuit in haar stroomt wanneer ze het zegt. En wees er vervolgens op verdacht dat ze op elk moment van mening kan veranderen omdat haar gevoelens veranderen. Bedenk dat de gevoelens van een vrouw ontvankelijker zijn voor een onzichtbaar deel van het universum dan jouw gevoelens. Probeer onderscheid te maken tussen haar wisselende stemmingen en de wijsheid van haar gevoelens.

Vrouwen zijn geen leugenaars, hoewel ze dat in de ogen van mannen vaak lijken. Dit is de reden waarom een man uiteindelijk verantwoordelijkheid moet dragen voor zijn eigen beslissingen, gebaseerd op de diepste waarheid die hij kan doorgronden. Zo niet, dan zal hij, wanneer hij zijn koers van waarheid verandert en genoegen neemt met haar huidige en haar veranderende expressie, waarschijnlijk de schuld bij haar leggen.

Je moet luisteren naar wat je vrouw te zeggen heeft en zorgvuldig haar diepte voelen. Dan, nadat je grondig hebt nagedacht over haar inbreng, neem je vanuit je eigen diepe kern een zo goed mogelijke beslissing. Op die manier zul je, als je vrouw vervolgens van gedachten verandert, geen wrok tegen haar koesteren omdat ze je van je pad probeert af te brengen. Dan kun je genieten van haar subtiele sensitiviteit en wisselende emoties. Je kunt op volle snelheid verdergaan met je acties of ze wijzigen, in de wetenschap dat je altijd de beste keus maakt die voorhanden is, omdat je de diepte van haar wijsheid – en haar wisselende expressie en stemming – geheel in aanmerking hebt genomen.

17

LAAT MERKEN DAT JE HAAR WAARDEERT

Het mannelijke groeit door uitdagingen, maar het vrouwelijke door complimenten.
Een man moet zonder schaamte nadrukkelijk uiting geven aan zijn waardering voor zijn vrouw. Prijs haar volop.

Mannen groeien door uitdagingen. Toen je een jongetje was, daagden andere jongens je uit om je ergens toe aan te zetten: 'Ik wed dat jij niet over dat hek kunt springen.' In een rekrutenkamp wordt je verteld dat je een waardeloze slijmbal bent. Een dergelijke belediging daagt je uit om je van je beste kant te laten zien. Zo heb je als man waarschijnlijk de mannelijke gewoonte om mensen, met inbegrip van je vrouw, uit te dagen om zich te ontwikkelen of te groeien.

Alleen de mannelijke kant van je vrouw zal door uitdaging groeien. De vrouwelijke kant is gebaat bij ondersteuning en lofprijzing. Tegen haar zeggen: 'Ik vind de vorm van je lichaam toch zo mooi' zal haar veel meer aansporen om aan lichaamsbeweging te doen dan wanneer je tegen haar zegt: 'Ik hoop dat je niet zwaarder wordt.'

Lofprijzing benadrukt altijd de goede eigenschappen van je vrouw. 'Je bent zo mooi als je lacht' is veel effectiever dan 'Je bent zo lelijk als je boos kijkt', hoewel beide aangeven dat je haar glimlach wilt zien. Wanneer je tegen je vrouw praat, is het altijd beter om het glas halfvol dan halfleeg te noemen.

Loftuitingen zijn letterlijk voedsel voor vrouwelijke eigenschappen. Wanneer je wilt dat je vrouw qua uitstraling, gezondheid, geluk, liefde, schoonheid, kracht en diepte groeit, prijs dan haar goede eigenschappen. Prijs ze dagelijks, een aantal keren.

Dit is voor de meeste mannen moeilijk uit te voeren, maar je moet leren juist die eigenschappen te prijzen die nog niet prijzenswaardig zijn, opdat ze prijzenswaardig worden. Met andere woorden, prijs de eigenschap die nog maar in geringe mate aanwezig is, maar die je sterker wilt zien worden. Als je weet dat je vrouw gezonder zou zijn als ze meer lichaamsbeweging had, zeg dat dan niet tegen haar. Ze zal dat als een belediging voelen, een afkeuring van haar zoals ze is. Vertel haar in plaats daarvan hoe sexy ze eruitziet als ze zweet in haar strakke sportshirt. Vertel haar hoezeer het je opwindt als ze haar lichaam beweegt. Welke delen van haar lichaam je ook aantrekken, laat het haar weten, regelmatig.

Benadrukken waar je echt van geniet als ze aan lichaamsbeweging doet, zal haar nog meer doen bewegen. Door haar te vertellen waarom ze aan lichaamsbeweging moet doen, geef je daarentegen aan dat ze voor jou niet acceptabel is zoals ze nu is. Haar prijzen werkt. Het haar vertellen werkt niet. Haar prijzen motiveert. Haar uitdagen motiveert niet. Probeer het. Prijs vijf tot tien keer per dag de specifieke dingen die je zo aan haar bevallen. En kijk wat er gebeurt.

18

VERDRAAGZAAMHEID LEIDT TOT WROK

Een man gaat wrok koesteren en raakt gefrustreerd over zijn vrouw wanneer hij te bang of te zwak of niet in staat is haar stemmingen en testen te doordringen van liefde. Hij zou willen dat ze makkelijker was om mee om te gaan. Maar het is niet geheel haar fout dat ze kattig is en klaagt. Het is ook een weerspiegeling van haar gebrek om van liefde doordrongen te raken. Wanneer een man berust en de zelfvernietigende stemmingen van zijn vrouw tolereert, is dit een teken van zijn zwakheid. Zijn houding is er een geworden van willen ontsnappen aan de vrouwen en de wereld, veeleer dan de vrouwen en de wereld in liefde willen dienen. Een man moet kattige en klagerige humeurigheid van zijn vrouw niet tolereren, maar hij moet haar van dienst zijn en haar liefhebben met al zijn kundigheid en doorzettingsvermogen. Als ze zich dan niet kan of wil openen in liefde, zou hij kunnen besluiten een einde te maken aan zijn relatie met haar, zonder boos te zijn of wrok te koesteren, omdat hij weet dat hij alles heeft gedaan wat in zijn vermogen lag.

Waar het in een intieme relatie om gaat, is dat je elkaar helpt groeien en liefhebben, hopelijk op een betere manier dan wij kunnen als we alleen zijn. Waarom zou je immers een intieme relatie aangaan als je groei en liefde er meer bij gebaat zijn als je alleen leeft? Het gaat er bij een intieme relatie om dat je meer groeit dan je alleen zou kunnen groeien, door de kunst van het wederzijdse geven.

Een van de grootste geschenken die je je vrouw kunt geven, is je vermogen om haar hart te openen wanneer het gesloten is. Natuurlijk kan ze zichzelf uit haar sombere stemming halen, maar jouw mannelijke bliksemstraal van liefde kan haar somberheid verdrijven op een manier waartoe ze zelf niet in staat is.

Wanneer je echter bent zoals de meeste mannen, voel je haar stemming uiteindelijk waarschijnlijk als een last. Je hebt het gevoel dat ze een blok aan je been is. Je zou willen dat ze je met rust liet en haar eigen boontjes dopte. Ten slotte voel je je uitgeput of gefrustreerd. Uiteindelijk duld je haar stemmingen gewoon, terwijl de wrok zich vanbinnen ophoopt. Je vraagt je af wat haar probleem is. Waarom kan ze niet gewoon gelukkig zijn?

Ofwel opent het vrouwelijke deel van haar zich in liefdevolle overgave (makkelijke momenten), ofwel sluit het zich in wat uiteindelijk een emotionele test wordt van jouw vermogen om haar te openen (moeilijke momenten). Deze cyclus van het vrouwelijke is als alle cycli in de natuur: hij kent geen einde. Hoe eerder je leert om deze stemmingen te omarmen en ermee te dansen, hoe eerder jullie boven het psychodrama uit zullen groeien en de humor van het toneelstuk zien.

In plaats van de stemmingen van je vrouw, waarbij ze zich afsluit en klaagt, te tolereren, moet je haar stemmingen met je liefhebbende vermogen openbreken. Het is jouw gave om te geven. Jullie zullen beiden meer groeien door jouw geven dan door jouw tolerantie. Een echte man ziet de stemmingen van zijn vrouw niet als een vloek, maar als een uitdaging en iets waar je plezier aan beleeft.

Er zijn vele manieren om op creatieve wijze met haar stemmingen om te gaan en haar te helpen zich te openen. Kietel haar. Trek je kleren uit en dans de watusi. Zing een opera voor haar. Maak dierengeluiden. Gil harder tegen haar dan je ooit gedaan hebt en kus haar dan hartstochtelijk. Druk je buik tegen haar aan totdat ze smelt. Til haar van de grond en draai haar in het rond. Soms helpt het om met haar te praten, maar niet zo vaak als humor en lichamelijk geuite liefde dat doen.

Wanneer je elke creatieve, humoristische en krachtige manier van liefhebben om door haar stemming heen te breken, geprobeerd hebt en ze weigert nog steeds zich te openen, ontspan dan gewoon. Je hebt alles gedaan wat in je vermogen ligt. Als je niet bedreven genoeg bent om haar te helpen of als ze niet voldoende bereid is om je geschenken te ontvangen, misschien heb je dan de verkeerde vrouw.

Onthoud dat iedere vrouw met wie je samen bent, als ze een vrouwelijke seksuele essentie heeft, elke dag stemmingen heeft waarbij ze zich afsluit, schijnbaar zonder ‘reden’. Je kunt dit niet vermijden door te proberen haar te veranderen of te wachten tot de stemmingen ophouden. Je kunt alleen je vaardigheid ontwikkelen om haar te helpen zich te openen. Het houdt echter nooit op, ook al ben je hartstochtelijk, onbevreesd, liefdevol en humoristisch met haar. In het weer wisselen perioden met regen en opklaringen elkaar steeds af, dag en nacht wisselen elkaar af en bij je vrouw zullen openheid en afsluiting elkaar steeds afwisselen, ook al lijken haar leven en relatie met jou geweldig.

Wanneer je bij jezelf merkt dat je deze vrouwelijke cyclus van stemmingen alleen maar tolereert omdat je gefrustreerd bent geraakt door eindeloze discussies die nergens toe leiden, kun je er zeker van zijn dat jij en waarschijnlijk ook je vrouw wrok tegenover elkaar ontwikkelen. Tolereer haar stemmingen niet. En praat er niet over met haar. Heb er deel aan. Laat haar in volheid opbloeien. Beweeg haar lichaam met jouw lichaam. Open haar hart met je humor. Dring door haar afsluiting heen met je onbevreesde aanwezigheid. Open haar hart, keer op keer op keer. Ze zou het alleen kunnen, maar als ze alleen meer zou kunnen groeien dan ze doet door jouw geschenken te ontvangen, zou ze misschien niet bij jou moeten zijn.

19

ANALYSEREN HEEFT GEEN ZIN

De stemmingen en meningen van een vrouw zijn als de patronen van het weer. Ze veranderen voortdurend, ze zijn streng en zacht, en je weet niet waarom. Analyseren lukt niet. Er is geen lineaire reeks van oorzaak en gevolg die tot de kern van het 'probleem' kan leiden. Er is geen probleem, er is alleen een storm, een bries, een plotselinge weersverandering. En aan de basis van deze stormen liggen de hoge- en lagedruksystemen van de liefde. Wanneer een vrouw de liefde diep voelt stromen, kan haar stemming ogenblikkelijk oplossen in vreugde, ongeacht de vermoedelijke reden voor haar stemming.

Als man wil je waarschijnlijk de oorzaak van de problemen in je leven vinden. Op die manier kun je de bron van het probleem elimineren. Door naar de wortel te gaan, kun je het probleem oplossen, hopelijk voor eens en altijd. Wanneer je vrouw een emotioneel probleem schijnt te hebben, wil je dus weten waarom. Je wilt weten wat haar van streek maakt. Je neemt aan dat er een specifieke oorzaak is. Je wilt weten wat haar slechte bui teweeg heeft gebracht, zodat je de situatie kunt verhelpen.

Omdat je van haar houdt, begin je haar vragen te stellen om tot de wortel van het probleem te komen. 'Wat scheelt eraan? Heb ik iets gedaan dat je van streek maakt? Waarom huil je? Moet je ongesteld worden? Heeft iemand iets vreselijks tegen je gezegd?'

Je verkeert in de illusie dat wanneer je de oorzaak van

haar somberheid ontdekt, er gemakkelijk een oplossing te vinden is. Maar zo werkt het niet; door het stellen van vragen verslechtert haar stemming waarschijnlijk.

Het verbazingwekkende is dat 90% van de emotionele problemen van een vrouw voortkomt uit het gevoel dat er niet van haar gehouden wordt. Doe dus geen stapje achteruit om haar te analyseren, zoals een dokter de diagnose stelt bij een patiënt, of zoals een therapeut vragen stelt aan een patiënt. Geef haar je liefde – dezelfde liefde die je ertoe bewoog vragen te stellen – onmiddellijk en onmiskenbaar. Loop naar haar toe, kijk haar diep in de ogen, houd haar vast en streel haar, vertel haar hoeveel je van haar houdt, glimlach, neurie haar lievelingslied en dans met haar, dan is er een goede kans dat haar emotionele probleem zal verdwijnen. Ze zal misschien nog iets aan een bepaalde situatie moeten doen, en jij zult haar daarbij misschien kunnen helpen, maar het emotionele aspect zal omgezet zijn in liefde.

Het komt slechts zelden voor dat haar stemming verdwijnt doordat je die analyseert. Zeer vaak zullen je analyse en je pogingen om je vrouw van haar slechte bui af te helpen haar alleen maar bozer maken. Vraag haar wat ze liever wil als ze van streek is: dat je haar liefde geeft of dat je haar stemming analyseert. Het is zo gemakkelijk om haar liefde te geven; het is per slot van rekening wat jullie allebei echt graag willen. Maar als man probeer je waarschijnlijk haar van haar stemming af te helpen. Dat is precies wat ze niet wil en precies wat de situatie meestal alleen maar verslechtert.

De volgende keer dat je vrouw een slechte bui heeft, probeer dan het volgende. Ga ervan uit dat ze zich niet bemind voelt. Neem dit gewoon aan, ook al lijkt het dat het niet zó eenvoudig ligt, dat er een of andere onderliggende reden voor moet zijn dat ze zo van streek is, een reden waar jij iets aan kunt doen. Stel je voor dat ze meer een bloem is die water nodig heeft, dan een motor waarvan de carburateur moet worden bijgesteld. Ga er niet van uit dat er hoe dan ook iets mis is. Neem aan dat ze liefde van je wil, op een diepe, krachtige, standvastige en gevoelige manier.

Kijk haar liefdevol in de ogen, raak haar met liefde aan op een manier waarop ze graag aangeraakt wordt en spreek of zing tegen haar met liefde. Kijk wat er met haar stemming gebeurt. Dan, nadat haar stemming verdreven is door jouw liefde en ze gelukkig is en ontspannen, kun je praten over alles waar nog over gepraat moet worden.

Als je je vrouw ooit vragen stelt over haar stemming als die niet oké is, dan ben je al op de verkeerde weg. Geef haar eerst liefde via je ogen, aanraking, beweging en toon van je stem. Dan, pas dan, nadat de liefdesverbinding is gemaakt, probeer je te ontdekken waar nog over gepraat moet worden.

20

BEHANDEL EEN VROUW NIET ALS EEN MAN

Een vrouw vragen haar eigen emoties te analyseren of ermee in het reine te komen, is een ontkenning van haar vrouwelijke kern, die pure energie in beweging is, als een oceaan. Zij kan leren haar stemming aan God over te geven, ze kan leren haar hart te openen op momenten dat ze zich volledig heeft afgesloten, ze kan leren haar scherpe kantjes er af te halen en op de liefde te vertrouwen, maar ze zal nooit iets oplossen door haar 'probleem' te analyseren.

Als man kun je veel over jezelf te weten komen door je problemen duidelijk te analyseren. Een van de beste manieren om te groeien is je onderscheidingsvermogen te gebruiken, te voelen wat onnodig pijn in je leven veroorzaakt en vervolgens te veranderen wat er veranderd moet worden. Je merkt bijvoorbeeld dat je niet gelukkig bent met je baan. Je denkt hierover na. Je beseft dat het komt doordat je baas van je profiteert en je niets tegen hem hebt gezegd. Dus stel je vast dat de beste manier om het probleem aan te pakken is naar je baas toegaan en hem vertellen wat er aan de hand is. Je verzamelt moed, gaat naar je baas toe, lucht je hart en het is voorbij. Probleem opgelost. Klaar. Je hebt geleerd hoe belangrijk het is om met je baas te praten en je hebt alle oude troep die je als last meedroeg, opgeruimd.

Waarschijnlijk pas je hetzelfde systeem toe op je intieme relatie. Je beseft dat je niet gelukkig bent met iets wat je vrouw doet. Misschien praat je erover met je vrienden of denk je er in stilte over na. Je realiseert je dat je vrouw minder goed voor je is gaan zorgen. Dus stel je vast dat je gelukkiger zal zijn wanneer zij vaker voor je kookt en je meer massages geeft. Vervolgens denk je dat je vrouw misschien wil dat jij iets meer voor haar doet. Dus vertel je haar wat je van haar wilt en je vraagt haar: 'Wat wil je van mij?' Je vraagt haar erover na te denken en het je te laten weten.

Dit klinkt een man redelijk in de oren, maar het is niet redelijk. Het is voor je vrouw een situatie waarin ze niet kan winnen. Waarom? Omdat zij een man wil die het allemaal voor zichzelf kan uitmaken. Zij wil een man die van haar houdt en haar begeleidt met zijn liefde, zonder haar steeds te vragen wat ze wil.

Een van de diepste vrouwelijke verlangens in een intieme relatie is juist om niet alles voor haar man te hoeven bedenken en de richting voor hem uit te stippelen. Zij wil hem kunnen vertrouwen wat betreft de richting die hij volgt. Er zijn bepaalde momenten dat zij dingen voor jou wil bepalen, maar veel vaker voelt ze dat jij haar iets geeft als je haar een richting in jullie relatie aangeeft zonder dat zij jou erom hoeft te vragen of jou moet vertellen wat zij wil.

Stel je voor dat je vrouw jarig is. Als het jouw verjaardag was, zou je het geweldig vinden als je vrouw alles zou doen wat je maar wilde. Dus denk je dat zij dat ook leuk zou vinden. Je zegt tegen haar: 'Gefeliciteerd! We kunnen voor je verjaardag alles doen wat je maar wilt. Jíj mag het zeggen. Ik zal het allemaal regelen! Wat wil je?'

Dit is precies het tegenovergestelde van de voorstelling die de meeste vrouwen van een ideaal verjaardagscadeau hebben. De meeste vrouwen zouden veel meer opgewonden raken als je zou zeggen: 'Je hebt dertig minuten om je koffers te pakken. Vraag me niet waar we heen gaan, maar we zijn het weekend weg. Er is voor alles gezorgd. Pak gewoon je koffers en laat de rest maar aan mij over. Ik zal je de mooiste verjaardag bezorgen die je ooit gehad hebt.'

Een van de diepste vrouwelijke verlangens in een intieme relatie (maar niet in de zakenwereld of een eenvoudige vriendschap) is zich te kunnen ontspannen en overgeven, in de wetenschap dat haar man overal voor zorgt. Dan kan ze eenvoudigweg genieten zonder het allemaal zelf te moeten plannen en haar man te moeten vertellen wat hij moet doen. Ze kan pure energie zijn, pure beweging, pure liefde, zonder dat het nodig is alle opties te analyseren en te beslissen welke de beste zijn. Ze kan ervan genieten dat haar man de verantwoordelijkheid neemt voor de richting die ze gaan, zodat ze kan zijn wat het vrouwelijke is: pure energie.

Zoals bij de oceaan is de natuurlijke staat van het vrouwelijke om met grote kracht en zonder een enkele richting te stromen. Het mannelijke bouwt kanalen, dammen en boten om zich te verbinden met de kracht van de vrouwelijke oceaan en van punt A naar punt B te gaan. Maar het vrouwelijke beweegt in vele richtingen tegelijk. Het mannelijke kiest één enkel doel en beweegt zich in die richting. Zoals een schip door een uitgestrekte oceaan snijdt, bepaalt het mannelijke een koers en stuurt in die richting. De vrouwelijke energie daarentegen is richtingloos maar immens, zoals de wind en de diepe stromingen van de oceaan, voortdurend veranderend, mooi, soms destructief en soms de bron van het leven vormend.

Ditzelfde principe is van toepassing op problemen in een intieme relatie. Telkens wanneer je probeert je vrouw te dwingen meer als een schip dan als een oceaan te zijn, ontken je haar vrouwelijke energie. Telkens wanneer je met haar praat en van haar verwacht dat ze haar stemming en situatie zodanig analyseert dat ze die kan verhelpen, praat je 'mannelijk' met haar. Ze is ertoe in staat, ze kan het misschien wel beter dan jij, maar het zal haar niet gelukkig maken.

Een gelukkige vrouw is een vrouw met een ontspannen lichaam en een ontspannen hart: krachtig, onvoorspelbaar, diep, in potentie wild en destructief, of kalm en sereen, maar altijd vol leven, zich overgevend aan en bewogen door de grote kracht van haar oceanische hart. Wanneer je haar vraagt de emoties van haar hart te analyseren, is dat als het bouwen van muren rond een gedeelte van de oceaan en het veranderen in een zwembad. Het is veiliger en beter voorspelbaar, maar veel minder levendig en opwekkend. De meeste mannen hebben een zwembad van hun vrouw gemaakt door haar voortdurend als een man te behandelen, door met haar te praten over haar gevoelens alsof ze zodanig geanalyseerd kunnen worden dat ze te 'verhelpen' zijn.

Verspil je tijd niet met dit te doen, maar verwacht vooral niet dat je vrouw het zelf zal doen. Dat zou hetzelfde zijn als wanneer jij, een man, ertoe gedwongen wordt romannetjes te lezen of naar liefdesfilms te kijken in de bioscoop. Natuurlijk kun je dit, maar waarschijnlijk raakt het jouw kern niet op de manier waarop het haar kern raakt. En als ze je ertoe zou dwingen, keer op keer, zou je een hekel aan haar krijgen. Als zij het gevoel had dat het basisprobleem in je leven is dat je niet genoeg naar soaps op de televisie kijkt, zou je denken dat ze gek was.

Soaps, romannetjes en liefdesverhalen raken veel vrouwen diep, omdat de prioriteit van het vrouwelijke de stroom van liefde in de relatie is. Maar de mannelijke prioriteit is doelstelling en richting. Door je doelstelling te analyseren en je richting opnieuw aan te passen, kun je veel van je emotionele problemen oplossen. Maar liefde is de vrouwelijke prioriteit, en niet doelstelling en richting.

Vrouwen worden niet vrij door zichzelf te analyseren. Zij worden vrij door zich aan de liefde over te geven. Niet jouw liefde. Hun liefde. Zij worden vrij door zich over te geven aan de oneindige stroom van liefde die eigen is aan hun kern en door hun leven te laten voortbewegen door deze kracht in hun hart. Dit kan momenten van analyse met zich brengen, maar in de eerste plaats heeft het te maken met diep vertrouwen.

De beste manier om je vrouw van dienst te zijn is haar te

helpen zich over te geven, vertrouwen te hebben in de kracht van de liefde, zodat ze haar hart kan openen, de liefde kan zijn die ze is en de liefde kan geven die op natuurlijke en overvloedige wijze vanuit haar geluk stroomt. (Dit betekent niet het analyseren van wat haar liefde blokkeert.) Blokkades analyseren is typisch mannelijk. Mannen zijn dol op het analyseren van blokkades, op het voetbalveld, het schaakbord, op de effectenbeurs en zelfs in hun intieme leven. Maar het is belangrijk dat jij, als man, jouw manier van doen niet op je vrouw projecteert.

Laat haar de oceaan zijn. Moedig haar aan zo vrij als de oceaan te zijn, zo diep als de oceaan, zo onstuimig als de oceaan en zo krachtig als de oceaan. Wees zo vol in je liefde, zo sterk en standvastig in je aanwezigheid, dat ze de beperkingen die ze haar gevoelens heeft opgelegd kan laten varen en er zich aan over kan geven. Laat de emoties van haar hart ongeremd stromen. Laat haar liefde onbeperkt tot uitdrukking komen. Laat haar gek worden van liefde.

Liefde heeft haar eigen intelligentie. Eer de intelligentie van de liefde door te beseffen dat analyseren gewoonlijk niet noodzakelijk is om je vrouws openheid te dienen. Heb je vrouw met heel je lichaam lief, misschien door haar met je buik en borst tegen de muur te drukken, door je liefde in haar te duwen, met haar te ademen, zodat ze haar spanningen loslaat en zich overgeeft aan de liefde in haar hart, en laat haar ontspanning en overgave de wijsheid vrijmaken die inherent zijn aan haar liefde. Je hebt veel te winnen bij de diepte van haar vrouwelijke gaven.

21

GA MEE MET HAAR EMOTIONALITEIT – TOT OP ZEKERE HOOGTE

Als een vrouw erg emotioneel wordt, wil een middelmatige man haar kalmeren en erover praten, of weggaan en later terugkomen als ze weer 'bij zinnen' is. Een echte man dringt door haar stemming heen met onverstoorbare liefde en onwrikbaar bewustzijn. Als ze dan nog steeds weigert ten volle in liefde te leven, gaat hij, na verloop van tijd, bij haar weg.

Zoals de meeste mannen ben je waarschijnlijk niet al te dol op slechte buien en hysterische emoties van een vrouw. Je vraagt je misschien af waarom ze zo ingewikkeld in elkaar zit. Wat is haar probleem? Je zegt misschien: 'Bedaar een beetje en doe rustig aan.' Het slechte humeur van een vrouw is zo vreemd en geheimzinnig voor je dat je het eigenlijk afstotend vindt. En wanneer je vrouw echt wild wordt, is een deel van je bang voor de schade die ze kan aanrichten. Haar emoties zijn zoveel heftiger en minder voorspelbaar dan de jouwe dat je ze liever niet meemaakt.

Eigenlijk zijn de meeste mannen bang voor vrouwelijke emoties of hebben er een vreselijke hekel aan. Daarom probeer je ze te verhelpen of eraan te ontsnappen. Je zegt wellicht: 'Ik kom later wel terug als je je gedraagt als een redelijk mens.'

Een van de grootste vrouwelijke genoegens is een man die volledig aanwezig en zonder te reageren in de emotionele stormen van zijn vrouw blijft staan. Wanneer hij aanwezig blijft en haar liefheeft door haar felheid en geslotenheid heen, dan voelt ze dat ze zich op hem kan verlaten en kan ze zich ontspannen.

De manier waarop je omgaat met je vrouws chaos weerspiegelt de manier waarop je reageert op de chaos in de wereld. Wanneer je de soort man bent die alles netjes op zijn plaats moet hebben in een mooi doosje, dan zul je ook proberen de emoties van je vrouw in een doosje te doen. Wanneer je de soort man bent die liever andere mensen inhuurt om de chaos op je zolder aan te pakken of de chaos in je financiën, dan zou je het waarschijnlijk ook liever aan iemand anders overlaten om iets te doen aan de chaos van je vrouw.

Je kunt jezelf er echter ook in oefenen de wereld te beheersen – op financieel, creatief en spiritueel gebied – door te leren hoe je vrij en liefdevol moet zijn in de chaos van je vrouws emoties. En dat doe je door voet bij stuk te houden en zo sterk lief te hebben dat de liefde overheerst. Geef niet op als je ogenschijnlijk faalt, maar leer van je fouten en keer terug naar de liefde. Schenk je gave. Zoals bij worstelen met een stier of surfen op de golven van de oceaan, houdt 'meester zijn' in dat je je met de krachtige energie van je vrouw vermengt en het komen en gaan van het moment voelt, zonder één enkel moment je aandacht te laten verslappen.

Je zult door de stier vertrapt worden, je zult door de oceaan verzwolgen worden en je zult door je vrouw gekwetst worden. Zo leer je. Je staat op, veegt het stof van je af, zwemt naar de kust en draait je om en kijkt je vrouw weer in de ogen. De enige opties zijn angst of meester zijn. Je kunt opgeven, je kunt kleine stieren en kleine golven uitzoeken, je kunt wachten tot je vrouw kalmeert of je kunt haar zelfs bedreigen. Maar je kunt ook het moment als een uitdaging zien voor je vermogen om met liefde de wereld te veroveren, en je vrouw.

Blijf voluit ademen. Houd je lichaam sterk. Houd je aandacht bij de dingen. Wat je vrouw ook zegt of doet, geef haar liefde. Druk je buik in de hare. Glimlach. Geef een schreeuw en lik dan haar gezicht. Doe alles wat nodig is om het omhulsel van haar afgeslotenheid te doen barsten, laat je liefde door de barst naar binnen gaan en raak vervolgens haar hart. Leer te genieten van haar boosheid, haar tranen, haar stille hardheid. De wereld zal jou bij tijd en wijle hetzelfde geven.

De kunst van het leven is elke situatie als bruikbaar te beschouwen, elke gelegenheid te transformeren door de liefde te verheerlijken, op elk moment al je gaven te geven en niet gehecht te zijn aan het resultaat, wetend dat er altijd een tijd van komen en gaan zal zijn.

Je bent vrouwen en de wereld meester wanneer geen enkel verlangen om iets te vermijden of te bereiken je liefde beheerst of je vrijheid beperkt.

22

DWING VROUWEN NIET TOT BESLISSINGEN

Een man kruipt weg voor zijn verantwoordelijkheid als hij verwacht dat zijn vrouw altijd haar eigen beslissingen neemt en vervolgens de verantwoordelijkheid neemt voor de gevolgen.

Door dit te verwachten onthoudt hij haar zijn mannelijke gave. Het stelt een vrouw in de gelegenheid haar eigen mannelijke aspect tot uitdrukking te brengen. Het is voor sommige vrouwen goed dat ze leren hun mannelijke vermogen om een beslissing te nemen en erbij te blijven, te stimuleren. Maar als een man zijn verantwoordelijkheid verloochent om zijn vrouw het geschenk van mannelijke duidelijkheid en gedecideerdheid te geven, dan zal ze scherp en stug worden en zijn liefde gaan wantrouwen. Ze zal zich niet meer in liefde aan hem overgeven, geen vertrouwen meer hebben in mannelijke vermogens en, in plaats daarvan, haar eigen mannelijke kant ontwikkelen.

Je vrouw vraagt je mening en je zegt: 'Wat je ook doet, ik vind het prima.'

Dit zijn de woorden van een vriend, niet van een minnaar. Als vrienden willen jullie elkaar goed behandelen en elkaar ruimte en onafhankelijkheid geven. Als minnaars zijn jij en je vrouw meer dan gewoon vrienden. Jullie spelen met de gehele dynamiek van mannelijke en vrouwelijke polariteit. Zou je niet willen dat je vrouw een godin was en dat zij jou haar vrouwelijke gaven aanbood? Om deze tevoorschijn te roepen, moet je haar je mannelijke gaven aanbieden. Een van je meest waardevolle gaven is het vermogen om alle opties te zien en een beslissing te nemen die gebaseerd is op dit zien van alle mogelijke gevolgen.

Vrouwelijke beslissingen zijn gebaseerd op wat goed voelt, en vaak is dit de beste manier om een beslissing te nemen. In een intieme relatie gaat het er echter niet alleen om de beste beslissing te nemen, maar om de beste beslissing te nemen terwijl je de kracht van de mannelijke/vrouwelijke polariteit handhaaft die jullie in eerste instantie naar elkaar toe trok. Wanneer die polariteit begint af te nemen, zullen de conflicten gaan toenemen. Wanneer die polariteit verdwijnt, verdwijnt de aantrekkingskracht, en daarmee verdwijnt het leven uit de relatie.

Jij moet de mannelijke pool spelen als je wilt dat je vrouw de vrouwelijke speelt. Jouw perspectief aanbieden aangaande beslissingen is één manier om je mannelijke gave te schenken. Zeg bij de meest onbeduidende beslissingen nooit: 'Doe maar wat je wilt.' Als ze je vraagt welke schoenen je haar beter vindt staan, neem dan een beslissing en zeg het haar. Zeg niet gewoon: 'Ze staan allebei leuk.' Zeg zoiets als: 'Ik vind de rode schoenen leuk, maar wat voor mij het belangrijkste is, is dat je je gelukkig voelt.' Het staat haar natuurlijk vrij de schoenen te dragen die ze wil, maar ze is ook de ontvanger van je mannelijke gave van gedecideerdheid.

Misschien probeert je vrouw een beslissing over haar carrière te nemen, iets wat vele jaren op haar van invloed zal zijn. Ze kan haar gevoel raadplegen en doen wat het beste aanvoelt, hetgeen een vrouwelijke manier van beslissingen nemen is. Of ze zou kunnen proberen een beslissing te nemen die gebaseerd is op de diverse mogelijke gevolgen van haar keuze, wat een mannelijke manier is. Omdat je een mannelijke seksuele essentie hebt, kun je natuurlijk een bijdrage leveren aan haar mannelijke besluitvormingsproces. En, wat belangrijker is voor de intieme relatie, wanneer je niet bijdraagt aan haar mannelijke besluitvormingsproces, zullen jullie beiden gedepolariseerd raken door elkaars energie. Zij is in de mannelijke pool, jij bent neutraal en er is niemand in de vrouwelijke pool. Dit is oké voor korte periodes, maar als het chronisch wordt, gaan jullie beiden je meer vrienden voelen dan minnaars. De aantrekkelijkheid van de polariteit wordt vervangen door twee maatjes die over keuzemogelijkheden praten.

Wanneer je weigert om je mannelijke gave aan te bieden door dingen te zeggen als: 'Het kan mij niet zoveel schelen. Dat moet jij zelf beslissen', dan zal ze moeten leren op haar eigen mannelijke vermogen te vertrouwen. Met andere woorden, ze zal meer vertrouwen gaan krijgen in haar eigen mannelijke aspect dan in dat van jou. Dan zul je ontdekken dat ze je over de hele linie steeds minder vertrouwt. Ze zal weigeren zich, zelfs seksueel, aan je over te geven, omdat ze zich de hele dag niet heeft kunnen ontspannen en je niet heeft kunnen vertrouwen; je hebt haar niet je mannelijke duidelijkheid en perspectief aangeboden, dus moet ze die aan zichzelf geven door zelf man te zijn.

Maak er een gewoonte van je vrouw altijd te helpen bij het nemen van beslissingen door haar jouw perspectief te bieden en haar jouw keuzes te vertellen, terwijl je haar laat weten dat je van haar houdt ongeacht de beslissing die ze neemt. Vaak zullen haar vrouwelijke gevoelens een veel betere basis voor een beslissing vormen dan jouw mannelijke analyse. Dus moedig haar aan zich in de situatie in te voelen en op haar gevoelens te vertrouwen. Maar omwille van de polariteit en het geluk in je intieme relatie dien je haar wel te vertellen wat jij zou doen en waarom, ook al ben je van mening dat zij haar eigen beslissingen zou moeten nemen.

DEEL DRIE

WERKEN MET POLARITEIT EN ENERGIE

23

HET IS ONVERMIJDELIJK DAT HET VROUWELIJKE JE AANTREKT

Mannelijke mannen worden aangetrokken door vormen van vrouwelijke energie: stralende vrouwen, bier, muziek, natuur enzovoort. Wanneer een man dit probeert te verbergen, verraadt dit enige mate van schaamte met betrekking tot zijn eigen seksuele kern.

Zoals de meeste mannen verbloem je waarschijnlijk de mate waarin je dagelijks seksueel door vrouwen aangetrokken wordt. Op je werk, op straat en in de supermarkt zie je vrouwen die je opwinden. Soms zou je misschien wel met hen naar bed willen. Maar veelal is het gevoel meer een verfrissende golf die door je heen spoelt. Het zien van een bijzonder mooie vrouw kan je een verrukkelijke dag bezorgen. De heerlijke geur van een vrouw kan je wegvoeren naar een betoverd paradijs. De glimlach van een vrouw kan een moment in hemelse gelukzaligheid veranderen.

Er zijn twee manieren waarop je kunt omgaan met je dagelijkse 'ah's' van het aangetrokken worden door het vrouwelijke: verstandig en dwaas. Om verstandig te reageren, moet je begrijpen waarom je wordt aangetrokken en tot wie. Je seksuele essentie wordt altijd aangetrokken door haar energetische tegenpool. Mannelijke mannen worden aangetrokken door vrouwelijke vrouwen. Evenwichtige mannen worden aangetrokken door evenwichtige vrouwen.

Ongeveer 80% van alle mannen heeft een meer mannelijke essentie. Deze mannen, van wie jij er waarschijnlijk een bent, wordt aangetrokken door alles wat vrouwelijk is. Niet alleen vrouwelijke vrouwen, maar alles wat vrouwelijke energie heeft, alles wat stralend is, levendig, opwekkend, ontspannend en aandoenlijk. Vrouwelijke energie haalt je uit je hoofd en richt je op je lichaam. Muziek, bier, natuur, vrouwen, het zijn allemaal vormen van vrouwelijke energie.

Het is niet alleen een geweldige vrouw qua uiterlijk die je aantrekt. Wanneer een vrouw vrij en stralend is in haar vrouwelijke energie, is er bijna altijd aantrekkingskracht; soms meer, soms minder, maar aantrekkingskracht is er altijd, ten minste genoeg om tersluiks een blik op haar te werpen. Deze aantrekking is niet alleen natuurlijk, maar ook gezond. Ze is een teken van polariteit, een soortgelijke natuurlijke stroom van polarisering als bij elektriciteit die stroomt tussen de positieve en negatieve pool van een batterij. Het is niets om je voor te schamen. Het is de reden waarom er überhaupt mannen en vrouwen zijn. De natuur van de natuur is polariteit, van het magnetisme dat stroomt tussen de noord- en de zuidpool van de aarde, tot de aantrekkingskracht die stroomt tussen je mannelijke kern en de vrouwelijke uitstraling van een vrouw.

Wanneer je je er onbehaaglijk bij voelt dat je wordt aangetrokken door vrouwen, voel je je waarschijnlijk niet op je gemak met je eigen mannelijke essentie. Als je het gevoel hebt dat het voor een vrouw vernederend is om het 'object' van je polaire aantrekking te zijn, heb je waarschijnlijk je mannelijke kern verloochend. Je hebt jezelf energetisch verzwakt door je natuurlijke verlangens te veroordelen en te onderdrukken. Je ontkent je seksuele essentie in plaats van je erbij op je gemak te voelen.

Elke negatieve houding die je hebt tegenover de aantrekkingskracht van vrouwen, is een teken van angst; ergens heb je geleerd dat een dergelijke aantrekking 'slecht' of 'kwaad' is. Dat je aangetrokken wordt door vrouwen, allerlei vrouwen, is natuurlijk, normaal en prachtig. In feite is het een aspect van hetzelfde verlangen dat je uiteindelijk naar spirituele vrijheid zal leiden.

Je verlangen naar een vrouw is een aspect van je verlangen naar aangenaam één-zijn. Je erkenning van het verlangen is een erkenning van je verlangen om het leven te omarmen. Het leven omarmen, je ontspannen in het één zijn, zodat alle tegenstellingen, met inbegrip van de tegenstelling mannelijk/vrouwelijk, hun eenheid vinden in liefde, betekent spiritueel vrij zijn.

Uiteindelijk zul je inzien dat alle verlangen een aspect is van je aangeboren impuls om liefde te geven. Van het begin tot het eind kan het aangetrokken worden door vrouwen gezien worden als het wezenlijke gebaar van je hart, je verlangen naar liefde en eenheid.

Als je een man met een mannelijke seksuele essentie bent, voel je altijd seksuele polariteit bij iedereen die vrouwelijke energie opwekt. Je kunt deze aantrekkingskracht vele malen per dag voelen, bij vele vrouwen. Geniet ervan. Vrouwen zijn een zegen! Het vrouwelijke, zelfs in de niet-menselijke vorm van een weelderig tropisch eiland, een koud biertje of je favoriete muziek, kunnen het verschil uitmaken tussen saaiheid en de 'ah's' van extase. Onze aanvaarding van seksuele aantrekking, zelfs bij muziek en bepaalde plaatsen, ligt aan de wortel van ons vermogen om lichamelijk plezier te beleven.

Seksueel aangetrokken worden is echter iets anders dan seks hebben. Er bestaat een groot verschil tussen ervoor kiezen intiem met een vrouw te zijn en gewoon door haar energie en uitstraling aangetrokken te worden. Intimiteit is een keuze van mensen die zich willen binden om elkaar lief te hebben en te dienen, terwijl aantrekkingskracht een keusloze natuurlijke stroom van energie is tussen je mannelijke kern en de vrouwelijke energie, waar dan ook. Wanneer een vrouw haar vrouwelijkheid uitstraalt, is ze als mooie muziek of een warme oceaanbries. Je hoeft geen seks met haar te hebben om onuitsprekelijke vreugde te smaken.

Zoals bij de meeste mannen het geval is, kan een stralende vrouw je uren of dagen inspireren. Onthoud dat het verlangen dat ze bij je wekt een zegen op zichzelf is. Naar dat verlangen handelen en haar proberen te krijgen is een geheel andere zaak, nog afgezien van het feit of zo'n handeling jullie beiden ten goede komt. Maar de zuivere inspiratie die je voelt bij het zien van een stralende vrouw, is een van de geschenken van de natuur: het geschenk van de vrouwelijke zegen.

De volgende keer dat je een vrouw tegenkomt die je in vuur en vlam zet, ontspan dan in de sensatie. Laat haar golven van vrouwelijke energie door je lichaam bewegen als een diepe massage. Adem voluit, zonder weerstand te bieden aan de vreugde die het zien van haar je geeft. Staar haar niet aan, wissel ook niets uit. Maar als je haar ziet en je merkt dat je door haar aangetrokken wordt, laat de energie van de aantrekking dan vrijelijk door je lichaam stromen. Leer je verlangen te versterken en vast te houden, zodat je hele lichaam en je adem zich openen en verdiepen door de kracht ervan. Laat het kijken naar haar een zegen voor je zijn.

24

KIES EEN VROUW DIE JE PERSOONLIJKHEID AANVULT

Als een man een erg mannelijke natuur heeft, zal hij zich aangetrokken voelen tot een erg vrouwelijke vrouw die zijn energie aanvult. Hoe neutraler en evenwichtiger hij is, hoe meer hij dat ook van zijn vrouw zal verlangen. Wanneer een man een meer vrouwelijke natuur heeft, zal zijn energie worden aangevuld door de sterke gerichtheid en doelbewustheid van een meer mannelijke vrouw. Door hun eigen behoeften te begrijpen, kunnen mannen leren het 'hele pakket' van een vrouw te accepteren. Een meer mannelijke man zal bijvoorbeeld verwachten dat de vrouw die hem werkelijk opwindt en prikkelt, betrekkelijk wild is, ongedisciplineerd, 'getikt', chaotisch, geneigd om van gedachten te veranderen en te 'liegen'. Vanuit energetisch perspectief gezien zal dit soort vrouw veel heilzamer en inspirerender voor hem zijn dan een evenwichtige en neutrale vrouw die standvastig is, redelijk, 'betrouwbaar' en in staat op een dusdanige wijze te zeggen wat ze bedoelt dat hij het kan begrijpen.

Je bent waarschijnlijk wel eens een vrouw tegengekomen die aanvankelijk fantastisch leek, maar bij wie je later een emotionele eigenaardigheid ontdekte waar je niet echt mee uit de voeten kon. Ze leek ongelooflijk sexy, maar ook een beetje 'getikt' of gek; het ene moment zei ze dit en het andere moment dat. Je bent waarschijnlijk ook wel eens zeer redelijke en betrouwbare vrouwen tegengekomen die niet voortdurend van gedachten leken te veranderen en met wie je goede gesprekken kon voeren zonder dat je er een gefrustreerd gevoel aan overhield. Hoewel je dol kunt zijn op dit soort vrouwen en het fijn vindt om tijd met hen door te brengen, wekken ze niet zoveel hartstocht bij je op als de vrouwen op wier woorden je nog geen middag kunt vertrouwen, maar die hun lichaam bewegen op een manier die je in vuur en vlam zetten.

'Waarom kan een vrouw niet meer op een man lijken?' hebben veel mannen zich afgevraagd. Maar natuurlijk zijn het juist de aspecten waarin een vrouw het minst op een man lijkt die je seksueel het meest aantrekken als je een mannelijke seksuele essentie hebt. De vrouwelijke uitstraling van een vrouw, de energie die haar lichaam doet bewegen, haar uiterst verfrissende spontaniteit en geheimzinnigheid, om maar niet te spreken van haar verrukkelijke glimlach, dit zijn de dingen die je aantrekken. En hoe vrouwelijker een vrouw in haar kern is, hoe minder sterke mannelijke trekken ze waarschijnlijk zal vertonen, zoals duidelijk en ondubbelzinnig praten over gedachten en verlangens in plaats van voornamelijk haar gevoelens van het moment uiten.

Een vrouw met een meer vrouwelijke seksuele essentie zal het ene moment zeggen dat ze van je houdt, en even later, wanneer je iets gedaan hebt waar je je niet eens bewust van bent, zal ze zeggen dat ze je haat. Dit is de schoonheid van het vrouwelijke: voor haar is het mannelijke samenspel van woorden en gebeurtenissen minder relevant dan de veranderlijkheid van relaties en gevoelens. Godzijdank zijn er vrouwen die zich niet verontschuldigen voor hun oceanische diepte en vloedgolven van emoties.

Je wordt altijd aangetrokken door je seksuele tegenpool. Dus wanneer je een meer vrouwelijke seksuele essentie hebt, zul je je aangetrokken voelen tot een meer mannelijke vrouw. Je hebt waarschijnlijk wel paren van zulke mannen en vrouwen meegemaakt. De man heeft meer uitstraling en is levendiger dan de vrouw. De vrouw is meer toegewijd aan haar opdracht in het leven dan de man. De relatie is belangrijker voor de man, terwijl de vrouw vaak liever met rust gelaten wordt. Dit zijn tekenen van een relatie waarin de man een meer vrouwelijke essentie en de vrouw een meer mannelijke essentie heeft.

Andere mannen, met een meer neutrale seksuele essentie, geven de voorkeur aan vrouwen die ook meer neutraal zijn, noch bijzonder mannelijk, noch vrouwelijk. Zo'n paar kan over van alles en nog wat praten, en ze vinden dat ook fijn. Ze hebben gemeenschappelijke hobby's, vrienden en zelfs carrièredoelstellingen. Hoewel ze evenzeer liefhebben, is dit soort paren seksueel gewoonlijk minder hartstochtelijk dan zeer gepolariseerde paren. Het komt niet vaak voor dat dit soort neutrale of in evenwicht zijnde paren tegen elkaar schreeuwen, met kussens gooien, een partijtje worstelen en op de grond belanden en daar dan hartstochtelijk de liefde bedrijven.

Door onbegrip heb je jezelf en je partner wellicht gedepolariseerd, zodat de relatie neutraal lijkt, maar dat in werkelijkheid niet is. Slechts ongeveer 10% van de paren is werkelijk het neutrale of evenwichtige type in zijn ware essentie. Nog eens 10% van de paren bestaat uit een vrouwelijke man en een mannelijke vrouw. Maar wanneer je bent zoals 80% van de paren, dan heb jij een mannelijke seksuele essentie en je vrouw een vrouwelijke. Dat wil zeggen, haar vrouwelijke manier van doen frustreert je, maakt je gek, inspireert je of windt je op, wat vaker voorkomt dan dat ze gewoon je seksuele neutrale maatje is.

De valse neutralisatie, of depolarisering, van relaties is een van de voornaamste redenen waarom paren uit elkaar gaan. De verjongende kracht van de seksuele liefde wordt zwak, terwijl alle dingen die jou en je partner irriteren even sterk als altijd blijven. Het geheim is om niet te proberen de irritante vrouwelijke gewoonten van je vrouw te veranderen, maar om de diepte en verjongende kracht van haar vrouwelijke zegeningen te helpen cultiveren.

Zoals de meeste mannen heb je je gevoeligheid voor het

volledige spectrum van de vrouwelijke energie van je vrouw zo klein mogelijk gemaakt door jezelf te verdoven tegen de aspecten die je het meest irriteren. Ze maakt je bijvoorbeeld niet meer gek, omdat je geleerd hebt haar niet al te serieus te nemen. Misschien heb je geleerd aandachtig te lijken, terwijl je niet echt luistert naar haar eindeloze geklets. Of misschien heb je geleerd haar de dagelijkse dosis genegenheid te geven ter bevrediging van haar voortdurende behoefte aan intieme momenten, en zelfs meer dan je lief is.

Dit is een verkeerde benadering. Het vrouwelijke is een eindeloze bron van liefde, inspiratie en kracht, zowel lichamelijk als spiritueel. Vrouwelijke vrouwen zijn verbonden met de natuurelementen op een manier waarop meer mannelijke mensen, zoals jijzelf, dat meestal niet zijn. Vrouwelijke vrouwen lijken misschien wild, onbetrouwbaar of zelfs onverantwoordelijk vanuit het perspectief van een man, maar zulke vrouwen zijn wel vrij van de mannelijke behoefte om in een wereld te leven die beheerst wordt door rede en controle.

Vrouwelijke vrouwen zijn vrij om de stroom van het natuurlijke leven te voelen; jij kunt die niet voelen. Zij zijn vrij om bewogen te worden door energiestromen waarvan de meeste mannen zich niet bewust zijn. Zij zijn vrij om hun lichaam open te stellen voor de stroom van hun hart, niet beheerst en niet geleid door doelstellingen en structuur. Het vrouwelijke lichaam is vrij om bewogen te worden door liefde, en door het leven zelf. En hieraan wordt door mannen zeer veel waarde toegekend; het zien van een vrouw die vrijelijk haar lichamelijke extase tot uitdrukking brengt is een van de ontzagwekkendste dingen die de meeste mannen ooit gezien hebben. Mannen zijn zelfs bereid geld te betalen om een vrouw te zien die in lichamelijke extase is, zelfs als ze het speelt, zoals in een pornofilm. In onze wereldlijke cultuur zijn de meeste mannen alleen maar vertrouwd met seksuele extase en daarom is het deze vorm van vrije lichaamsexpressie waar mannen voor betalen als ze die willen zien, in films, op het toneel en in privé-gelegenheden over de hele wereld. In culturen echter die veel spiritueler zijn ingesteld, worden vrouwen bekeken met hetzelfde mannelijke ontzag, maar daarbij gaat het om een ander soort expressie: niet louter om hun vermogen om seksuele extase uit te drukken op een manier die ongewoon is, en ongelooflijk aantrekkelijk, maar ook om hun vermogen om spirituele extase uit te drukken.

Tempeldansers in India bijvoorbeeld zijn van oudsher vrouwelijke vrouwen die vanaf jonge leeftijd geleerd hebben vaardigheid en diepe devotie te combineren in een stijl van dansen die hun lichaam vrijmaakt om door goddelijke kracht bewogen te worden, en waarbij mannen tranen in hun ogen krijgen en hun hart opengaat. Een vrouw die één is met haar vrouwelijke essentie is één met de energie, hetzij seksueel, hetzij spiritueel. Voor een dergelijke vrouw is er geen loskoppeling van het seksuele en het spirituele. Haar seksuele overgave is, wanneer zij met een waardige man samen is, hetzelfde als haar godsdienstige of spirituele overgave. Zij opent zich van top tot teen en ontvangt de goddelijke liefdeskracht diep in haar hele lichaam, waarbij door het eindeloze stromen van deze kracht rimpelingen, welvingen en golvingen ontstaan.

Vrouwen die meer mannelijk of neutraal zijn, zullen deze vrijheid van lichaamsexpressie waarschijnlijk minder toelaten. Toch is het de expressie van dit soort extase die een mannelijke man uitnodigt om de wereld van het hoofd, met zijn gedachten en doelstellingen, te verlaten en te genieten van het moment, met het lichaam, via het hart. Of het nu in een stripteasetent of in een gewijde tempel is, mannen hebben al duizenden jaren de vrouwelijke expressie van extase willen aanschouwen. Vrouwen worden in zulke omstandigheden letterlijk aanbeden. Mannen schreeuwen de godin die voor hun ogen danst, hun lofprijzingen toe zoals ze dat nooit in het openbaar zouden doen. De meest volmaakte omstandigheid is tegelijkertijd geheel seksueel en geheel spiritueel. Na zo'n gebeurtenis zijn mannen getransformeerd en geïnspireerd door de zegenende kracht van de vrije vrouwelijke expressie. Dit is een van de unieke gaven van het vrouwelijk lichaam, van de vrouw.

Een vrouw met een vrouwelijke seksuele essentie betekent een vrouw die emotioneel chaotisch is. Een vrouw van wie je kunt verwachten dat ze van gedachten verandert. Een vrouw die vergeleken met jou veel gevoeliger is voor de stroom van subtiele energieën in jullie relatie. Een vrouw die je genot brengt en ontzag inboezemt in de extase, zowel seksueel als spiritueel, die haar lichaam zo vrijelijk en prachtig tot uitdrukking brengt.

Het is een totaalpakket. Je kunt geen vrouw hebben die altijd logisch, redelijk en op tijd is, en die je hart en lichaam ook vult met energie, op elk ogenblik, de hele dag door, met haar lichamelijk uitgedrukte liefde en extase. Als ze wil, kan ze redelijke mannelijke energie opwekken, maar wanneer ze een vrouwelijke kern heeft, zal ze meestentijds willen dansen, in toornige woede of betoverende vreugde, zonder daar een reden voor te hoeven hebben.

Dus kies een vrouw die je complementaire tegenpool is, wat voor de meeste mannen een meer vrouwelijke vrouw betekent. Alleen een vrouwelijke vrouw kan je de gaven geven die jij, als mannelijke man, nodig hebt. Hand in hand met deze gaven gaan echter de betrekkelijke chaos en emotionele stormen waar de meeste mannen bang voor zijn. Besef dat dit aspecten zijn van dezelfde energie die je zo opwindt. In feite kun je leren evenzeer opgewonden te raken door haar woededans als door haar steelse gespin. Wanneer je dit kunt, is dat een van je geschenken voor haar. Je kunt leren vrij en sterk te blijven onder alle emoties die ze tentoonspreidt. Je gaat niet weg, je wendt je niet af en je maakt je niet los van haar uit afkeer. Je kunt haar enorme energie tegemoettreden en standvastig zijn, haar tijdens de storm liefhebben en haar volledige vrouwelijke kracht omarmen, zowel de donkere als de lichte kanten.

Je zult alleen maar gelukkig zijn in een intieme relatie

wanneer je als partner een vrouw kiest die je seksuele tegenpool is. En je zult zo'n intieme relatie alleen kunnen overleven als je haar donkere en lichte kanten in gelijke mate kunt omarmen. Het kost tijd om een dergelijk vermogen en een dergelijke kracht te ontwikkelen, maar daardoor leer je om zowel je vrouw als de wereld een man te geven wiens gaven niet beïnvloed zijn door angst voor vrouwelijke kracht en chaos.

25

WEET WAT JE ZOEKT IN EEN VROUW

Het vrouwelijke is de levenskracht. Hoe meer mannelijk een man is, hoe meer de vrouwelijke energie van zijn vrouw (tegenover andere eigenschappen) belangrijk voor hem zal zijn.

Als je op zoek bent naar een vrouwelijke zakenpartner, wil je waarschijnlijk dat ze bepaalde kwaliteiten heeft zoals financiële scherpzinnigheid, betrouwbaarheid en het vermogen om ook onder moeilijke omstandigheden vol te houden en een doel te verwezenlijken. Ben je op zoek naar een vriendin, dan verlang je waarschijnlijk eerlijkheid, compassie, humor en respect. Is het een echtgenote die je zoekt, dan heb je waarschijnlijk behoefte aan een vrouw die vrijelijk vrouwelijke energie en liefde belichaamt en tot uitdrukking brengt.

Hoe meer je een vrouw zoekt die je alles geeft, hoe minder je van alles krijgt. Zakelijke vaardigheden zijn grotendeels mannelijke vaardigheden (zowel bij mannen als bij vrouwen). Vriendschap is op zichzelf een neutrale, niet-seksuele aangelegenheid. En seksuele hartstocht vereist een duidelijke polariteit tussen jouw mannelijke kern en de vrouwelijke energie van je vrouw. Wanneer je het doel van je relatie niet als prioriteit stelt, vallen deze verschillende energieën veelal tegen elkaar weg en blijf je met een seksueel neutrale verbintenis zitten.

Je kunt vele aspecten van een intieme relatie delen –

zaken, vriendschap, ouderschap en seksuele hartstocht – maar dat kan alleen als je één enkele prioriteit kiest voor je relatie en alle andere activiteiten groepeert rondom het hoofddoel van jullie relatie. Ben je evenwel niet duidelijk over wat belangrijk is, dan zal elk aspect botsen met de andere aspecten. Zij zal je genegenheid willen als jij bepaalde zaken wilt regelen. Zij zal willen praten over wat ze die dag beleefd heeft, terwijl jij met haar naar bed wilt. Jullie zullen uiteindelijk beiden compromissen sluiten ten aanzien van jullie ware verlangens en je relatie zal gereduceerd worden tot een functioneel, maar middelmatig partnerschap.

Mettertijd zullen de seksuele polariteit en aantrekkingskracht afnemen. Je begint naar andere vrouwen te kijken als bronnen van verjongend vrouwelijk genot, hetzelfde genot waarmee je je relatie hebt bezoedeld door je vrouw te verplichten alles tegelijk voor je te zijn: het ene moment je zakenpartner, het andere moment je vriendin, een moeder op het ene moment en je minnares op het volgende. Uiteindelijk gaan de diepe gaven die jullie in eerste instantie bijeenbrachten, verloren in de dubbelzinnigheid van jullie relatie.

In andere tijden en culturen zou je misschien talrijke intieme partners hebben gehad, die ieder aan een ander doel beantwoordden, die ieder verschillende vaardigheden, functies en seksuele energieën aan het geheel bijdroegen. In onze moderne wereld is polygamie echter geen optie. Om maatschappelijke en psychologische redenen willen de meeste mannen en vrouwen van vandaag hun intimiteit beperken tot een toegewijde partner tegelijk – hoewel je, als je bent zoals het merendeel van de mannen, vast en zeker met het idee gespeeld hebt om meerdere vrouwen te hebben, of ten minste een paar maîtresses, die ieder aan een ander doel beantwoordden. Omdat je verwacht dat je intieme relatie vele doelen dient, begint die te veranderen in een relatie waarin het nut vooropstaat. Door voortdurend over geldzaken, werk, huishouden en kinderen te praten, maak je van je vrouw een neutrale metgezel. Je raakt zo vertrouwd met elkaar dat h mysterie van seksuele bekoring gestandaardiseerd wordt tc. de rituele mechaniek van kussen, strelen, likken, klaarkomen en snurken. Je begint te hunkeren naar de diepte van het verlangen dat je eens bij je vrouw voelde. Huiselijkheid komt in de plaats van mysterie, en praten komt in de plaats van rollebollen.

Toch zul je, wanneer je een sterke mannelijke seksuele essentie hebt, vaak behoefte hebben aan de verfrissende kracht van sterke vrouwelijke energie. Anders ga je je lusteloos voelen en wordt het leven een last. Je kunt deze verjongende vrouwelijke energie zoeken in een paar biertjes, een paar spelletjes golf of een paar tijdschriften met veel vrouwelijk naakt. Of misschien geef je de voorkeur aan lange massages en wandelingen langs het strand. Hoewel deze en vele andere middelen je tijdelijk ontspanning kunnen geven en een glimlach op je gezicht kunnen toveren, kunnen weinige ervan je zo diep in hart en lichaam prikkelen als de compromisloze kracht van vrouwelijke seksualiteit die je geboden wordt door je stralende liefhebbende vrouw.

Jij bent de enige die kan beslissen wat voor jou belangrijk is in jullie relatie. Jij bent de enige die aan jezelf duidelijk kan maken wat het doel van jullie intieme relatie is. Maar als je besluit dat het doel van jullie intieme relatie het hartstochtelijk doorgeven van liefde is, het verjongende helen van seksuele energie en het ontwikkelen van het hart door jullie wederzijdse toewijding aan spiritueel ontwaken, wees dan voorzichtig. Dwing je vrouw niet een oproepboekhouder te zijn. Verwacht niet van haar dat ze je altijd helpt met je financiële problemen, als een beroepsadviseur. Leg niet te veel nadruk op de dagelijkse bezigheden, terwijl je dagen achtereen de lichamelijke overdracht van liefde veronachtzaamt. Prop de volheid van haar vrouwelijke energie niet in louter functionele rollen. Je vrouw heeft het vermogen je hart te doen ontwaken en je lichaam met leven te vullen. Jij moet haar daartoe echter de gelegenheid geven – zoals je haar de volheid van je mannelijke overdracht van liefde schenkt.

Wil je dat je vrouw je spirituele en seksuele echtgenote is, en niet alleen maar je huisgenote, dan moet je op bekwame wijze je gezin onderhouden en de kost verdienen, zodat jullie verbintenis niet aan kracht inboet. Ze kan zowel de moeder van je kinderen als je zakenpartner zijn, zolang deze functies maar niet het hoofdpunt van je doel doorkruisen: elkaars verlichting dienen door jullie standvastige toewijding aan de liefde en elkaars kern verlevendigen door de lichamelijke overdracht van liefde via seksuele polariteit.

Wanneer deze twee aspecten van jullie liefde – spiritueel ontwaken en seksuele overdracht – minder worden door je dagelijkse werkzaamheden, zullen jullie allebei ergens anders gaan zoeken naar dagelijkse verfrissing en voldoening. Je gaat vrouwelijke energie zoeken in een kratje bier of een maîtresse. Je vrouw zal mannelijke leiding zoeken in een maatschappelijk doel of een echte mannenbaan. Je relatie wordt gedegradeerd tot een goed bedoeld partnerschap voor huishoudelijke zaken. Dit is misschien precies wat je wilt. Of misschien ook niet. In ieder geval moet je weten wat belangrijk voor je is, wat het doel is van je intieme relatie, en alle andere activiteiten rond deze centrale prioriteit groeperen, als je je relatie tenminste in stand wilt houden en de kracht die ervan uitgaat voor jullie beiden wilt vergroten.

26

LEER OMGAAN MET JE VERLANGEN NAAR ANDERE VROUWEN

Iedere man met een mannelijke seksuele essentie wil seksuele afwisseling. Zelfs al houdt hij van zijn intieme partner en is hij haar volledig toegewijd, hij zal van nature seksuele omgang willen hebben met andere vrouwen naast de intieme partner die hij gekozen heeft. Hoe een man omgaat met zijn verlangen naar andere vrouwen is aan hem. Hij moet echter weten dat zulke verlangens op geen enkele manier te vermijden zijn. Hij moet ook weten dat gevolg geven aan zulke verlangens, hoewel het tijdelijk opvrolijkt en opbeurt, zijn leven uiteindelijk vaak veel gecompliceerder maakt dan het plezier zelf waard is.

Zelfs al ben je geheel toegewijd aan je intieme liefdespartner, je speelt waarschijnlijk met de gedachte om met andere vrouwen seks te hebben. Ook al ben je geheel vervuld van het seksleven dat je met je vrouw deelt, je verlangt waarschijnlijk toch nog naar seks met andere vrouwen. Je verlangen naar andere vrouwen is geen weerspiegeling van enig gemis in je intieme relatie; het is een weerspiegeling van je natuur aard als mannelijk seksueel wezen.

Maar dit verlangen is geen excuus voor promiscuïteit, evenmin als jouw genieten van televisiekijken een excuus is om een dikke, vette bankzitter te worden. Verlangen heeft vele bronnen, zoals je verslavingen, je biologische erfgoed, je conditionering in je jeugd en je open hart. Om een leven van vlekkeloze integriteit te leiden, moet je de bron van je verlangen onderkennen, zodat je weet wanneer je je gedrag dient te disciplineren in het voordeel van iedereen, ook van jezelf.

Het feit is dat je waarschijnlijk ook naar bed wilt met andere vrouwen dan je intieme partner; hoe je op dit feit reageert, weerspiegelt je doel in het leven. Wanneer je doel is om van lichamelijk plezier te genieten, wat de gevolgen ook mogen zijn, dan moet je met zoveel vrouwen vrijen als je wilt. Als je doel is om een aardige jongen te zijn en 'mammie' te plezieren, dan moet je doen wat je vrouw gelukkig maakt. Als je doel is jezelf en anderen te bevrijden om liefde en vrijheid te smaken, dan moet je alles doen wat de liefde en vrijheid groter maakt in jouw leven en in het leven van degenen op wie je handelingen van invloed zijn.

Het is je roeping. Vergeet niet dat zelfdiscipline geen zelfonderdrukking is. Onderdrukking betekent je verzetten en vechten tegen je verlangens, terwijl je ze zo verborgen en stil mogelijk houdt. Zelfdiscipline betekent dat je grootste verlangens heersen over je minder grote verlangens, niet door weerstand, maar door liefdevol handelen dat gebaseerd is op begrip en compassie.

Met hoeveel vrouwen je naar bed gaat, is jouw zaak. Voordat je echter overweegt het met meer dan een te doen, is het het beste om eerst je capaciteit met één vrouw te bewijzen. Lukt dit je niet – als innige gemeenschap, verjongende hartstocht en spiritueel geluk niet de hoofdkenmerken van je intieme relatie van dit moment zijn – dan heb je de test nog niet doorstaan en is het het beste je verlangen naar andere partners te bedwingen, omdat waarschijnlijk niemand ermee gebaat zal zijn.

27

JONGE VROUWEN GEVEN JE EEN SPECIAAL SOORT ENERGIE

Over het algemeen getuigt jeugdigheid in een vrouw van stralende, onbelemmerde en verfrissende vrouwelijke energie. Een jonge vrouw heeft gewoonlijk minder last van de typisch mannelijke lagen van functionele bescherming die door de jaren heen uit nood zijn opgebouwd. Vroeger werd aangenomen dat jonge vrouwen een sterk verjongende soort energie aan een man gaven. Oudere vrouwen kunnen de frisheid en uitstraling van hun energie wellicht behouden, of zelfs vergroten, maar dat komt slechts zelden voor.

Stel je voor dat je op een avond je achttien jaar oude babysit met de auto naar huis brengt. Ze is zo fris, zo onschuldig, zo levendig. Je voelt dat ze volledig open voor je staat. Je denkt na over alle consequenties. Je kijkt naar haar stralende huid, haar heldere ogen, haar ongelooflijke glimlach. Haar manier van bewegen, praten en lachen maakt je blij en vult je met energie. Je komt bij haar huis aan. Ze zegt je gedag, stapt de auto uit en gaat haar huis binnen. Jij blijft in de auto zitten en haalt even langzaam en diep adem en je glimlacht.

Het heeft iets unieks om met een jonge vrouw te zijn, en alle mannen met een mannelijke seksuele essentie voelen dat. Je voelt je jonger worden door haar. Gewoon naast een jonge vrouw zitten, kan je gelukkig maken en je met levenskracht vullen. Misschien hebben jullie niets gemeen, maar dat maakt niet uit. Het is haar *energie* die je verrukt en inspireert.

Ongecompliceerde, jeugdige, vrouwelijke energie windt je op *en* opent je hart. Je voelt je feitelijk gelukkiger in de aanwezigheid van jonge vrouwen. Je voelt je energieker, levendig en vol liefde. Kenmerkend voor onze cultuur is dat vrouwen naarmate ze ouder worden steeds meer mannelijke taken en verantwoordelijkheden op zich nemen, zodat ze minder stralend worden. Maar zelfs in culturen met meer wijsheid gaat men ervan uit dat jonge vrouwen een speciale energie verschaffen die fris, vrij en opwekkend is.

Onze cultuur reduceert deze jeugdige energie tot iets seksueels, terwijl het in werkelijkheid een overdracht van energie voor het hele lichaam is, die evenzeer of meer van invloed is op het hart dan op de geslachtsdelen. In andere culturen werden jonge vrouwen geëerd om hun gaven van spirituele verjonging; zij waakten over heilige plaatsen en voerden gewijde kunsten ten tonele, waar niet alleen naar gekeken werd om seksueel geprikkeld te raken. Het is jouw verantwoordelijkheid als man om de hartverjongende gave van een jonge vrouw te eren, en haar eer niet te schenden door je met je seksuele verlangen aan haar op te dringen.

Als er een seksueel verlangen opkomt, prima. Laat het in je lichaam rondgaan. Leer het groter worden van je verlangen te sturen zonder het geforceerd van je af te zetten. Een belangrijk onderdeel van het beheersen van seksualiteit is te leren een steeds grotere mate van genot en verlangen in het lichaam vast te houden, zonder dat je die moet ontladen, omdat je het niet kunt verdragen.

Wanneer een jonge vrouw je echt opwindt, adem dan haar geur in. Adem haar energie in. Ontspan je lichaam en laat je hart opengaan in haar aanwezigheid. Laat haar schoonheid door elke porie van je lichaam naar binnen komen. Laat liefde naar haar stralen vanuit je hart. Toon respect en blijf op een formele afstand, zodat ze in staat wordt gesteld en vrij is om haar gave te schenken, zonder verwikkeld te raken in jouw persoonlijke drijfveren. Gebruik de energie die zij je gegeven heeft, om anderen van dienst te zijn en neem de geschenken van grotere levendigheid en een hartstochtelijk hart mee naar al je relaties, zodat iedereen voordeel heeft van de verrukking die jij hebt ervaren bij deze vrouw, die, voor een ogenblik, de jeugdige gaven van pure uitstraling en levenskracht aan het licht bracht.

28

IEDERE VROUW HEEFT HAAR EIGEN 'TEMPERATUUR'

Sommige vrouwen zijn warmer, andere koeler. Over het algemeen zijn blonde vrouwen, vrouwen met een lichte huidskleur, Japanse en Chinese vrouwen koeler. Vrouwen met een donkere huidskleur, brunettes, roodharige vrouwen, Koreaanse en Polynesische vrouwen zijn warmer. Ook al zou een man ervoor kunnen kiezen in een intieme relatie met één vrouw te blijven, zijn behoefte aan verschillende temperaturen van vrouwelijke energie kan in de loop van de tijd veranderen. Een warme vrouw die verscheidene jaren geleden zijn passie heeft opgewekt, kan hem nu irriteren. Een koelere vrouw die verscheidene jaren geleden zijn hart kalmeerde, kan hem nu vervelen. Door te begrijpen hoe verschillende temperaturen van vrouwelijke energie hem kunnen beïnvloeden, zou een man betere levenskeuzes kunnen maken zonder in verwarring te raken.

Je hebt waarschijnlijk een bepaalde 'smaak' wat vrouwen betreft. Misschien geef je de voorkeur aan blonde vrouwen, of Aziatische. Of misschien heb je een speciale voorkeur voor roodharige vrouwen. Je smaak komt voort uit vele bronnen: je ervaringen in je vroege jeugd, culturele invloeden en misschien zelfs je erfelijke eigenschappen. Maar één aspect van 'smaak' heeft te maken met de manier waarop de energieën van een vrouw van invloed op je zijn.

Sommige vrouwen zijn verkoelend. In hun gezelschap zijn, voelt als een koel glas ijsthee op een warme zonnige dag.

Zo'n vrouw noem je bijvoorbeeld een 'ijskoud blondje' met van die 'koele blauwe ogen'.

Andere vrouwen zijn warm. Ze zijn vurig, onstuimig en opvliegend. Zo'n vrouw noem je wellicht een 'vurige roodharige' of een 'warmbloedige latino'.

Natuurlijk zijn niet alle roodharige vrouwen of latino's warm, net zomin als alle blonde vrouwen koel zijn. Desondanks valt er iets volkomen waars te zeggen over de 'temperatuur' van een vrouw. De meeste mannen hebben een goed intuïtief gevoel voor het verschil tussen een vrouw die koel en kalmerend is en een vrouw die warm en opwindend is, ongeacht hoe ze het beschrijven. En dit verschil heeft veel te maken met de reden waarom mannen een verschillende smaak hebben wat vrouwen betreft en waarom je smaak in de loop van de tijd kan veranderen.

Je smaak wordt bepaald door meer dan alleen een psychologische voorkeur. Energie speelt een belangrijke rol. Soms ben je met een mooie vrouw die het gewoon niet heeft voor jou. Je ziet wel dat ze mooi is, je kunt begrijpen waarom je vrienden haar aantrekkelijk vinden, maar ze is gewoon je smaak niet. Verschillende vrouwen bieden verschillende soorten vrouwelijke energie. En een van de simpelste vormen van dit verschil is het verschil tussen warme en koele vrouwelijke energie.

Om dit te begrijpen, kun je voor jezelf nagaan waar je voorkeuren liggen op het gebied van eten. Sommige mannen voelen zich lekker bij hete Mexicaanse pepers of gekruid Chinees eten, terwijl voor andere mannen kalmerend en verkoelend voedsel heilzaam is, zoals salades, zoetigheid of melk. En de behoefte van iedere man aan verschillende soorten voedsel kan in de loop van de tijd veranderen. Hetzelfde geldt voor zijn behoefte aan vrouwelijke energie.

Als je bijzonder gemakzuchtig bent, een man die moeilijk te motiveren is, dan is een warme vrouw waarschijnlijk beter voor je. Haar vurige natuur kan je lichaam verwarmen en je in beweging brengen. Als je daarentegen zelf heetgebakerd en warm bent, zul je waarschijnlijk merken dat een meer koele vrouw heilzaam voor je is en je lichaam en geest in evenwicht brengt.

Afhankelijk van je gezondheid, je levensstijl, de eisen die je werk stelt en je emotionele toestand heb je misschien verschillende soorten energie nodig op verschillende tijdstippen. Het is belangrijk dat je weet dat er een verschil is, zodat je je bewust kunt zijn van de keus die je maakt en hoe die van invloed op je kan zijn.

Je kunt gaan twijfelen aan je huidige intieme relatie indien je niet begrijpt hoe je behoefte aan vrouwelijke energie verandert. Als je leven vervelend en saai lijkt, zal een meer pikante en warme vrouw je waarschijnlijk aantrekken. Zij zal je het vuur geven dat je mist. Wanneer je leven echter uiterst veel van je eist en je je opgebrand voelt, zal een warme vrouw te veel van het goede zijn. Je voelt je wellicht meer aangetrokken tot de kalmerende blik en aanraking van een koele vrouw.

Stel je voor dat je getrouwd bent met een warme vrouw. Al jaren geniet je van haar hartstocht, vermaak je je om haar boosheid en ben je verrukt over hoe snel zij seksueel reageert. Dan neemt je carrière een andere wending. Je werkt de hele dag met mensen, met strakke deadlines. Vijftig uur per week werk je met de emoties en weerstand van mensen. Je merkt dat je het grootste deel van de dag zweet. Je ligt onder vuur. Je leven is als het ware heel warm geworden, alsof je de dag in een snelkookpan doorbrengt. Ze vlijt zich helemaal tegen je aan, gretig om het liefdesspel te beginnen. Jij hebt zin om je te ontspannen. Je zegt tegen haar dat je een paar minuten nodig hebt om tot jezelf te komen. Dan trekt zij haar sportkleding aan en gaat naar het sportcentrum om haar soepele lichaam te oefenen en op te laden.

Intussen komt haar beste vriendin op bezoek. Je opent de deur en laat haar binnen. Zij beweegt zich zoveel langzamer dan je vrouw. Haar aanwezigheid lijkt kalmerend en ontspannend, ook al is zij niet het soort vrouw tot wie je je gewoonlijk aangetrokken voelt.

De klank van de stem van deze vrouw lijkt zo verfrissend. Zij ziet dat je moe bent en omdat ze je al jaren kent, vraagt ze of ze je schouders zal masseren. Ze legt haar handen op je schouders en nog voor ze begonnen is om je zachtjes te masseren, voel je golven van koele, verjongende energie je lichaam instromen. Je slaakt een ontspannende zucht. Na een korte massage neemt ze afscheid. Ze komt een andere dag wel terug om je vrouw te bezoeken.

Je vrouw komt weer thuis, vol energie, en ze begint het huis rond te springen en dingen te regelen. Ze schreeuwt tegen je omdat je haar vriendin niet gevraagd hebt te blijven wachten. Dan, wanneer ze ziet dat je moe bent, biedt ze haar verontschuldigingen aan en begint je hartstochtelijk te kussen. Haar handen gaan algauw naar je kruis, maar jij bent met je gedachten nog steeds bij haar vriendin en je denkt terug aan hoe verfrissend haar energie was; je vraagt je af wat je er in vredesnaam mee aan moet.

Wat je ermee moet, is het volgende. Begrijp wat er gebeurt. Je genoot altijd echt van het pikante temperament van je vrouw, maar nu je op je werk de hele dag verhit rondloopt, moet je in evenwicht gebracht worden door een koelere energie. Dit betekent niet noodzakelijk dat je een einde aan je huwelijk moet maken. Het betekent niet noodzakelijk dat je naar bed moet gaan met haar vriendin. Wat het betekent, is dat je een manier moet vinden om je leven in evenwicht te brengen.

Je kunt je eetgewoonten veranderen en verkoelender voedsel gaan eten. Je kunt je lichaam koeler houden, door op zonnige dagen een pet te dragen, en door lichtere, meer ademende kleding te dragen. Je kunt kalmerende wandelingen maken rond een meer of langs een rivier en het water de hitte van je dag laten absorberen. Of je kunt verkoelende energie rechtstreeks van een vrouw ontvangen, zelfs niet-seksueel.

Je zou bijvoorbeeld een professionele massage kunnen krijgen van een vrouw met verkoelende energie. Soms is alles wat je hoeft te doen korte tijd in dezelfde kamer doorbrengen met een koele vrouw. In ieder geval is het belangrijk te beseffen dat je behoefte aan verschillende soorten energie gedurende je hele leven zal veranderen. Het is iets waar je mee moet leren omgaan. In de tussentijd is het belangrijk een veranderende energiebehoefte niet ten onrechte aan te zien voor een reden om een einde te maken aan je huwelijk. Het is ook belangrijk te weten dat je energie kunt ontvangen van verschillende vrouwen op een totaal niet-seksuele manier.

Uiteindelijk moet je je eigen keus maken. De ene man die behoefte heeft aan een andere energie en merkt dat hij die krijgt van de vrouw in het kantoor naast hem – het soort energie dat hij niet krijgt van zijn eigen vrouw –, krijgt uiteindelijk misschien een affaire of gaat scheiden. Een andere man zal misschien over zijn veranderende energiebehoefte praten met zijn vrouw en dan ontdekken dat ze meer dan in staat is hem op creatieve wijze de soort vrouwelijke energie te geven die voor hem het meest heilzaam is en het meest verjongend.

Verwar je energiebehoefte evenwel niet met een liefdesverbintenis. Energiebehoeften zijn betrekkelijk gemakkelijk in evenwicht te brengen. Je kunt de energie die je nodig hebt, waarschijnlijk krijgen van een masseuse of een verandering van eetgewoonten. Wanneer je radicaal besluit je vrouw te verlaten voor een vrouw wier energie je levendiger maakt, zul je misschien, na een paar maanden, tot je verbazing ontdekken dat je energie weer moet veranderen en beseffen dat je een zeer oppervlakkige keuze hebt gemaakt.

Je moet zelf beslissen hoe je omgaat met behoefte aan die bepaalde vrouwelijke energie die je lichaam vult met leven, je ruwe kanten bijschaaft en je krijgersgeest kalmeert. Energetische verjonging zal echter geen fundamenteel verschil maken, tenzij, in je kern, je hart vrijer, opener en liefdevoller wordt. Een koel glas vruchtensap, een vakantie op Hawaii of een roodharige vrouw kan tijdelijk je fysiologie in evenwicht brengen, maar alleen onversaagde toewijding aan de beoefening van de liefde kan je door je angsten en je gevoel van afgescheidenheid heen helpen en je voeren naar de absolute ongedwongenheid van zijn, die je diepste waarheid is. Vergeet niet wat je prioriteit is en besluit wat je te doen staat.

DEEL VIER

WAT VROUWEN WERKELIJK WILLEN

29

KIES EEN VROUW DIE JOU KIEST

Als een man een vrouw wil die hem niet wil, valt er voor hem geen winst te behalen. Zijn behoefte zal elke mogelijke relatie ondermijnen en zijn vrouw zal hem nooit kunnen vertrouwen. Een man moet bepalen of een vrouw hem echt wil, maar net doet alsof ze moeilijk te krijgen is, of dat ze hem echt niet wil. Wanneer ze hem niet wil, moet hij onmiddellijk ophouden met haar het hof te maken en zijn pijn verbijten.

Verkeer je ooit in een situatie waarin je een vrouw wilt die jou niet wil, ga dan met je vrienden praten. Vraag hun oprecht tegen je te zijn. Vraag wat zij ervan denken. Vertellen je vrienden je eerlijk dat deze vrouw je écht niet wil, dan is het voorbij. Je kunt geen goede relatie met haar hebben, zelfs als ze van gedachten verandert. Wanneer ze eenmaal je behoefte voelt, wanneer ze ervaart dat jij haar meer nodig hebt dan zij jou, dan zal ze nooit je mannelijke kern vertrouwen.

De prioriteit van de mannelijke kern is missie, doel of richting in het leven. De prioriteit van de vrouwelijke kern is de stroom van liefde in de intieme relatie. Wanneer een vrouw voelt dat jouw vrouwelijke kant sterker is dan die van haar – wanneer ze voelt dat de intieme relatie belangrijker voor jou is dan voor haar – zal ze vanzelf haar mannelijke kant activeren. Ze zal ruimte willen, ze zal vrijheid willen om haar eigen richting te volgen en je aanhankelijkheid zal haar tegenstaan.

Je straft jezelf alleen maar wanneer jij een relatie met een vrouw meer wilt dan zij een relatie met jou. Natuurlijk moet je een onderscheid maken tussen het feit dat ze doet alsof ze 'moeilijk te krijgen' is en het feit dat ze echt minder geïnteresseerd is in de relatie dan jij. Daarom is het goed je vrienden te raadplegen, en zelfs haar vriendinnen. Als blijkt dat ze jou niet even graag wil als jij haar, dan is het tijd om te beseffen dat een relatie geen kans van slagen heeft. In zo'n geval zijn de polen omgedraaid: jouw vrouwelijke verlangen naar liefde ontmoet haar mannelijke verlangen naar vrijheid. Dit is geen voedingsbodem voor intimiteit tussen een man met een mannelijke essentie en een vrouw met een vrouwelijke essentie. Het is beter om verder te gaan en je pijn te verwerken dan te blijven aantonen dat jouw vrouwelijke verlangen sterker is dan het hare.

30

WAT ZE WIL, IS NIET ALTIJD WAT ZE AANGEEFT

Soms doet een vrouw een verzoek aan een man in simpele bewoordingen, niet om iets van hem gedaan te krijgen, maar om te zien of hij zo zwak is dat hij het doet. Met andere woorden, ze test zijn vermogen om te doen wat juist is, en niet waar ze om vraagt. Als een man in zo'n geval doet wat zijn vrouw vraagt, zal ze teleurgesteld en boos zijn. De man zal dan geen idee hebben waarom ze zo boos is of wat haar blij zou kunnen maken. Hij moet bedenken dat haar vertrouwen wordt gewekt niet doordat hij haar verzoeken inwilligt, maar doordat hij liefde, bewustzijn en succes in hun leven brengt, ongeacht haar verzoeken.

Het volgende verhaal is waar gebeurd. Een enigszins stille en gevoelige man volgde een cursus seksuele yoga. Bij deze yoga is het belangrijk om te leren niet te ejaculeren en de opgewekte energie in het lichaam en hart te laten circuleren in een soort orgasme van het gehele lichaam, in plaats van energie te verliezen aan een kortstondige zaadlozing. Hij leerde ook zijn dierlijke hartstocht te uiten in plaats van altijd kalm en passief te blijven tijdens de seks.

Op een dag reden deze man en zijn vrouw in de auto. Toen ze langs een park kwamen, besloten ze spontaan om te stoppen, ze renden het bos in en bedreven wild de liefde op het gras onder de bomen. Geen van beiden had ooit buiten de liefde bedreven. Daar lagen ze, aan elkaar klauwend, grommend, gillen slakend, hartstochtelijk agressief met elkaar. Het was een echte doorbraak voor hen.

Plotseling realiseerde de man zich dat hij zou ejaculeren, tenzij ze het even rustig aan zouden doen. 'Houd even op met bewegen,' zei hij tegen zijn vrouw. 'Als we zo doorgaan, kom ik klaar.'

Maar de vrouw bleef bewegen, zelfs krachtiger. 'Ik wil dat je in me komt,' smeekte ze. 'Ik wil dat je me vult met je zaad.'

De man had een fractie van een seconde om te besluiten wat hij moest doen, en hij besloot om het te laten gaan en zijn vrouw haar zin te geven. Hij ejaculeerde binnen in haar en ontspande zich.

Maar toen hij naar het gezicht van zijn vrouw keek, was zij duidelijk van streek.

'Wat is er?' vroeg hij haar.

'Je kwam klaar,' antwoordde ze.

'Maar je zei toch dat je wilde dat ik je met mijn zaad vulde?'

'Ja, maar ik zei dat om te voelen of je sterk genoeg bent om dat niet te doen.'

De man voelde zich uitgeput en leeg. Hij voelde dat hij gefaald had in zijn beoefening van seksuele yoga. Hij wist dat ejaculeren op dat moment niet juist was, maar hij was bezweken voor de wens van zijn vrouw. Nu was zij teleurgesteld. Toen ze hem vroeg haar te vullen met zijn zaad, wilde ze in werkelijkheid voelen dat hij sterk genoeg was om te blijven bij wat hij wist dat juist was en niet te ejaculeren. Dat zou voor haar veel erotischer geweest zijn, meer polariserend en meer vertrouwen wekkend dan zijn inwilliging van haar verzoek om te ejaculeren.

Waarschijnlijk test je vrouw je voortdurend op deze manier. Haar grootste verlangen is je volledige bewustzijn te voelen, je betrouwbare integriteit, je onwankelbare liefde en je vertrouwen in je missie. Toch zal ze je zelden rechtstreeks om deze dingen vragen. Ze zal eerder proberen je af te leiden van je waarheid en dan voelen dat dat haar niet lukt – dat jij aan je waarheid vasthoudt, terwijl je van haar blijft houden.

Als je een zwakke man bent, zal deze vrouwelijke trek van 'het ene willen en het andere vragen' je kwaad maken. Je vraagt je af: 'Waarom vertel je me niet wat je echt wilt in plaats van het ene te zeggen en het andere te bedoelen en van mij te verwachten dat ik het begrijp?' Dit is het gezichtspunt van een man die niet begrijpt dat vrouwen een incarnatie van het goddelijke vrouwelijke zijn. En het goddelijke vrouwelijke neemt met niets minder genoegen dan het goddelijke mannelijke.

Het goddelijke mannelijke is bewustzijn. Een echte man oefent zich erin in alle situaties het volledige bewustzijn te behouden. Wanneer ejaculatie resulteert in een afname van je volheid, een vermindering van je aanwezigheid, een ineenstorting van je bewustzijn, dan moet je niet ejaculeren, zelfs al zegt je vrouw dat ze dat van je wil. *Juist niet* wanneer je vrouw zegt dat ze dat van je wil.

Je vrouw zal je vragen allerlei dingen te doen, elke dag weer. Laat je niet van je waarheid afbrengen, van de richting van je hart. Achter het oppervlakkige verzoek van je vrouw gaan haar werkelijke verlangen en behoefte schuil: zij wil dat jouw hartstochtelijke volheid haar doordringt, zij wil kunnen vertrouwen op de onwankelbaarheid van je liefde, zij wil in haar botten voelen dat je goddelijke mannelijke aanwezigheid sterker is dan je neiging om afgeleid te worden. Je vrouw is een vorm van de godin, die je uitscheldt, je test, je verleidt, die bereid is je hoofd af te hakken met haar toorn als je zwak bent en dubbelzinnig in je waarheid, en die bereid is zich over te geven aan de kracht van je liefde als je standvastig en stralend bent in je liefhebbende bewustzijn.

Weet dat je vrouw altijd het meest blij is met je kracht op het gebied van liefde, vrijheid en bewustzijn. Als haar verzoeken en verlangens jou kunnen afbrengen van wat zij weet dat je hoogste doel is, zal ze boos op je zijn en teleurgesteld, ook al heeft ze erom gevraagd. Handel altijd zo dat je je volledige bewustzijn behoudt. Gebruik altijd het zwaard van onderscheid bij je vrouws verzoeken, neem ze niet au sérieux, maar ga altijd bij je diepste waarheid te rade en volg het pad van je hoogste waarheid, ook al lijkt het er dan op dat je je vrouw teleurstelt. Ze zal niet teleurgesteld zijn wanneer ze voelt dat je sterk bent en duidelijk in de ware richting van je hart. En als ze wel teleurgesteld is over je diepste waarheid, dan zou je niet met haar moeten zijn.

31

HAAR KLACHT GAAT OM MÉÉR DAN DE INHOUD ERVAN

Vrouwen willen altijd goddelijke mannelijke aanwezigheid in een man, wat hun specifieke klacht of stemming ook is. Een man moet zijn vrouws klachten zien als waarschuwingssignalen en vervolgens zijn best doen om zijn leven op één lijn te brengen met zijn waarheid en doel. Gelooft hij echter de letterlijke inhoud van haar klacht, dan zal hij onmiddellijk uit koers raken, want de inhoud weerspiegelt meer haar stemming van het moment dan dat het een nauwkeurige observatie is van zijn neigingen door de tijd heen. Haar klacht moet gezien worden als een waarschuwing om 'orde op zaken te stellen' en misschien als een indicatie van de manier waarop. Haar klachten beschrijven meestal niet het werkelijke, onderliggende gedrag of de neiging die veranderd moet worden.

Je vrouw zegt: 'Hoe kun je zo lang voor de televisie zitten, terwijl onze huur over een paar dagen betaald moet worden, we achterliggen met betalingen voor de auto en je net je baan bent kwijtgeraakt?'

'Maak je geen zorgen. Ik heb morgen een sollicitatiegesprek.'

'Waarom kom je niet van je luie kont af! Je hebt weken geleden al gezegd dat je de garage zou opruimen. Ik kan bijna niet meer bij de auto komen!'

'Oké, oké, ik zal vanmiddag de garage opruimen.'

Je vrouw stopt met praten en gaat weer aan de gang, maar

je voelt dat ze inwendig kookt van woede en gespannen is. Je bent liever niet bij haar in de buurt als ze zo is. Je wilt het huis uit.

'Ik ben over een paar uur terug en dan ruim ik de garage op,' zeg je, terwijl je je jas pakt en naar de deur loopt.

Je hoort een glas kapot vallen in de keuken. Je loopt weer naar binnen en ziet een woedende vrouw. 'Ik kan hier niet meer tegen,' jammert ze.

'Wat? Ik zei dat ik de garage zou opruimen. Wat is er aan de hand?' zeg je verbaasd.

'Ik kan er gewoon niet meer tegen!' roept ze uit, terwijl ze zich losrukt, zich afsluit en niet door je aangeraakt wil worden.

'Ik snap het niet. Ik heb gezegd dat ik de garage zal opruimen. Morgen heb ik een sollicitatiegesprek. Het komt allemaal goed. Wat wil je?'

Waarschijnlijk heb je wel eens een dergelijk gesprek met je vrouw gehad. Het bevat de sleutel van mannelijke groei naar vrijheid en het onthult een veelvoorkomende fout die mannen in de relatie met hun vrouw maken.

Datgene waar je vrouw over klaagt is zelden datgene waar ze echt over klaagt. Je begaat een fout wanneer je de inhoud van haar woorden gelooft, en vervolgens, punt voor punt, op haar klachten ingaat. Als ze over financiële kwesties klaagt, voelt ze gewoonlijk een gebrek in je mannelijke vermogen om je leven een duidelijke richting te geven, met een doel, integriteit en wijsheid. Het geld op zich is van ondergeschikt belang. Als je arm zou zijn, maar geheel bewust, gelukkig, vol integriteit, zonder angst, humoristisch en liefdevol, en je volledige gave aan de wereld en aan je vrouw zou schenken, dan zou ze niet klagen over gebrek aan geld.

Wanneer je zegt dat je de garage op zult ruimen, en vervolgens gaan er weken voorbij en je hebt het nog niet gedaan, dan heeft haar klacht niet echt met de garage te maken. Natuurlijk wil ze een opgeruimde garage, maar dat is een oppervlakkige kwestie. De diepere kwestie is dat je niet gedaan hebt wat je zei dat je zou doen. Je had het haar beloofd en je bent je belofte niet nagekomen. Ze kan niet vertrouwen op wat je zegt. En dat doet haar pijn, diep vanbinnen.

Haar reactie lijkt misschien overdreven. Waarom doet ze zo hysterisch? Het is maar een garage. Maar ze voelt je gebrek aan integriteit. De garage niet opgeruimd hebben, kan voor jou een kleinigheid lijken, maar het geeft aan dat je je woord niet houdt, je doel niet volgt.

De manier waarop je met je beloftes omgaat, zegt iets over je doel, over je mannelijke kern. Als je je niet houdt aan wat je zegt dat je gaat doen, voelt ze dat je mannelijke kern zwak is. Ze voelt zich bedrogen. Ze kan je mannelijke leiding niet vertrouwen. En dat voelt ze als een groot verlies. Mettertijd zal ze haar eigen mannelijke bescherming tegen jouw gebrek aan integriteit gaan ontwikkelen. Ze zal zichzelf gaan behoeden voor de pijn die jouw gebrek aan volharding veroorzaakt. Ze zal zich verharden en scherp worden en gespannen. Voor jou lijkt de garage iets onbenulligs. Voor haar heb je gefaald omdat je je woord niet gehouden hebt. Zij kan je niet vertrouwen.

Het lijkt er erg op dat je vrouw slonzig gaat worden. De kern van het vrouwelijke is energie en uitstraling. Als ze niet meer goed voor zichzelf zorgt, als ze saai en kleurloos wordt, altijd moe en uitgeput, dan kan ze jou de vrouwelijke energie die jij in een intieme relatie verlangt niet meer geven. Je houdt misschien nog wel van haar, maar je begint elders naar vrouwelijke energie te zoeken.

Op het vlak van de polariteit word je aangetrokken en verlevendigd door haar vrouwelijke uitstraling. Evenzo wordt zij, op het vlak van de polariteit, aangetrokken en ontspannen door jouw mannelijke duidelijkheid, gerichtheid, integriteit en aanwezigheid. Wanneer ze erover klaagt dat jij televisiekijkt, is dat gewoonlijk een klagen over je hele leven, je gebrek aan doorzettingsvermogen en duidelijkheid. Als je vrouw het gevoel had dat je leeft met een duidelijk doel voor ogen, als zij het gevoel had dat je volledig bij haar aanwezig bent als je ervoor kiest met haar te zijn, en je zegt dan: 'Ik ga even ontspannen en een halfuurtje televisiekijken,' dan zou dat oké zijn. Het is niet het televisiekijken zelf dat haar stoort, hoewel ze dat wel zegt.

Je moet meer naar je vrouw luisteren als naar een orakel dan als naar een adviseur. Ze praat gewoonlijk op een weinig concrete, maar wel onthullende manier. Ze onthult je onbewuste gewoonten die jouw volledig ontwaken in bewustzijn verhinderen. Jouw onbewustheid doet haar pijn. Ze zal het niet op die manier zeggen, maar dat is wat wel waar ze op doelt.

Ga niet te veel met haar in discussie over de garage en het sollicitatiegesprek. Daar heeft ze het niet over, hoewel ze het wel zegt. Luister naar haar klachten als naar het universum dat je tekenen geeft aangaande je leven. Is televisiekijken op dit moment wel het beste om te doen? Soms heb je die ontspanning nodig, maar soms ben je ook gewoon lui en probeer je de verantwoordelijkheden die je in je leven gecreëerd hebt te vergeten.

Heb je met opzet tegen je vrouw gelogen over het opruimen van de garage? Of heb je het gewoon voor je uit geschoven, zoals je met zoveel van je verplichtingen in je leven doet? Kun je het je vrouw werkelijk kwalijk nemen dat ze zich gekwetst voelt door het gebrek aan integriteit dat je in je leven aan de dag legt?

Als ze er niet op kan vertrouwen dat je *jouw* leven leidt vanuit je diepste wijsheid en met je volste vermogen, dan kan ze je ook niet vertrouwen wat *haar* leven aangaat. Ze kan niet vertrouwen op je mannelijke onberispelijkheid, dus zal ze dit vanzelf compenseren door haar eigen onberispelijkheid te sterk te ontwikkelen. Ze gedraagt zich niet alleen mannelijk ten opzichte van zichzelf, maar ook ten opzichte van jou. Wanneer ze jou moet herinneren aan het sollicitatiegesprek of de rotzooi in de garage, dan zorgt ze voor de mannelijke leiding voor jullie allebei. En dit resulteert is stress. Haar lichaam zal daar tekenen van gaan vertonen. Ze wordt minder stralend en minder ontspannen in haar vrouwelijke kracht en glorie, omdat ze jouw falen moet compenseren.

De wallen onder haar ogen en de rimpels in haar gezicht kunnen veel onthullen over hoe duidelijk jij voor je hoogste doel leeft. Natuurlijk heeft je vrouw haar eigen onbewuste gewoonten die ze moet ontgroeien, maar soms weerspiegelt ze die van jou. Doe je best om te bepalen welke van haar 'problemen' uiterst gevoelige lichamelijke reacties zijn op de manier waarop jij je leven leidt. Jij weet met hoeveel onzin je jezelf voor de gek houdt. Zij weet dat ook, en het doet haar meer pijn dan jou.

32

VERTROUWEN IS BELANGRIJKER DAN NUMMER ÉÉN ZIJN

Een vrouw lijkt soms het meest belangrijke in het leven van haar man te willen zijn. Wanneer zij het belangrijkste is, heeft ze echter het gevoel dat haar man haar tot de hoogste prioriteit heeft gemaakt en niet geheel toegewijd is aan of gericht op goddelijke groei en dienstbaarheid. Ze zal voelen dat haar man voor zijn geluk van haar afhankelijk is, en dit zal haar het gevoel geven verstikt te worden door zijn afhankelijkheid en aanhankelijkheid. Wat een vrouw werkelijk wil, is dat haar man zich volledig wijdt aan zijn hoogste doel – maar ook met hart en ziel van haar houdt. Hoewel ze het nooit zal toegeven, wil ze voelen dat haar man bereid zou zijn om hun relatie op te offeren voor zijn hoogste doel.

Stel je voor dat een man de oorlog in moet. Hij kust zijn vrouw vaarwel. Zij huilt.

'Ga alsjeblieft niet weg,' smeekt ze.

'Je weet dat het moet,' antwoordt hij.

Ze kijken elkaar diep in de ogen.

'Je weet dat ik van je hou,' zegt hij tegen haar.

Ja, dat weet ik. En ik weet ook dat je moet gaan,' antwoordt zij, en weer stromen tranen van verdriet over haar gezicht.

Hij draait zich om en loopt de deur uit, naar zijn bestemming, terwijl zijn vrouw, vervuld van pijn en trots, hem nakijkt.

Deze overdreven dramatische scène bevat een diepgaand

energetisch principe: hoewel je vrouw het belangrijkste in je leven schijnt te willen zijn, kan ze je in feite meer vertrouwen en meer van je houden wanneer ze dat niet is.

Het hoogste doel van een man is zijn prioriteit, niet zijn intieme relatie. Je vrouw weet dit. Diep vanbinnen wil ze echt dat dit zo is. De vrouw in bovengenoemde scène zou het vreemd vinden als haar man plotseling zei: 'Ik ben van gedachten veranderd. Jij bent voor mij belangrijker dan de vrijheid van de mensheid. Jij bent het belangrijkste in mijn leven, en het zal mij een zorg zijn dat mijn dienstbaarheid aan de mensheid elders nodig is, dus ik blijf hier bij jou.' Ook al zou een deel van haar blij zijn, een dieper deel van haar zou zich leeg en teleurgesteld voelen.

En toch huilt ze als haar man de deur uitgaat om zijn missie te volbrengen, en zou ze willen dat hij niet hoefde te gaan. Maar hij moet echt gaan. En zij weet het.

Wanneer een vrouw het middelpunt van je leven is geworden, ben je verloren. Je hebt een gave te schenken, een doel te verwezenlijken, een diepe hartsimpuls die je beweegt. Als je het contact met deze impuls verloren hebt, sta je dubbelzinnig in het leven. Je neemt beslissingen omdat het moet, maar ze komen niet voort uit een dieper besef van een bepaald doel. Je neemt misschien de doelen van je vrouw over, omdat deze sterker zijn dan de jouwe. Je past je behoefte aan richting misschien aan aan doelen die van buitenaf opgelegd worden, en verwordt zo tot een gezelschapsheer of tot een echtgenoot en ouder die is vastgelopen en zich niet meer openstelt voor zijn eigen grootse visie.

Let erop dat je je ware doel niet vervangt door onbeduidende verantwoordelijkheden. Het is geen probleem je dag te vullen met allerlei klusjes en verplichtingen, en alleen even een pauze in te lassen om wat televisie te kijken en vlug een nummertje te maken. Het is verleidelijk af te zien van een leven van onvoorwaardelijke toewijding aan de waarheid, en genoegen te nemen met het gewone leven van onvoorwaardelijke toewijding aan je werk, je gezin, je intieme relatie en je vrienden. Toch kun je alleen een echte werker, vader, echtgenoot en vriend zijn wanneer je deze relaties beleeft als gaven die je geeft vanuit je kern, niet als iets wat overblijft omdat je het lef niet hebt om erachter te komen wat de impuls van je hart is en van daaruit te leven. Als je niet vanuit je kern leeft en je gaven niet volop geeft, zal iedereen voelen dat je geen echt doel hebt. Je kinderen zullen je gezag op de proef stellen. Je collega's zullen van je profiteren. Je vrienden zullen niet veel van je verwachten. En je vrouw zal je niet vertrouwen.

Ook al lijkt het misschien dat ze het centrum van je leven wil zijn, dat is niet wat ze wil. Ze wil dat jij het centrum van je leven *kent*, zodat ze je kan vertrouwen. Ook al moet je zonder haar vertrekken om je doel te verwezenlijken, zoals een man die naar de oorlog gaat, ze zal je kunnen vertrouwen en van je kunnen houden zolang je doel waarachtig en oprecht is.

Als je altijd televisie zit te kijken, tijdschriften leest of gokt, zal je vrouw voelen dat je iets banaals van het leven maakt. Ze voelt dat je met minder genoegen neemt en is gebelgd over de zwakheid van je wil. Maar als je het doel hebt ontdekt dat uit je diepste kern voortkomt en als je hele leven met dit diepe doel verbonden is, zal je vrouw de oprechtheid van je keuzes voelen. Hoewel ze je keuzes misschien niet altijd *leuk vindt*, zal ze er wel van *houden*, en zal ze van jou houden omdat je de moed hebt volgens je waarheid te leven. Ze kan zich ontspannen en je vertrouwen omdat, ook al geniet je ervan af en toe televisie te kijken, tijdschriften te lezen of te gokken, ze weet dat je nooit compromissen sluit met betrekking tot je hoogste doel in het leven – dat weliswaar je relatie met haar omvat, maar er niet volledig op geconcentreerd is of ervan afhankelijk is.

33

HET VERLEDEN TELT NIET, MAAR HET HEDEN

De staat van dienst van een man heeft voor een vrouw geen betekenis. Een man kan tien jaar lang volmaakt zijn, maar als hij dertig seconden een ellendeling is, doet zijn vrouw alsof hij dat altijd geweest is. Een vrouw reageert op het energiemoment en vergeet het gedrag van haar man in het verleden. Gedrag dat een man eerder vertoonde, is niet relevant voor het gevoel van zijn vrouw op dat moment. Maar mannen beoordelen andere mannen veelal naar het gedrag van de ander in het verleden, dus denken ze dat hun eigen staat van dienst wel enigszins mee zou moeten tellen. Voor een vrouw is dit echter niet zo.

Je hebt een lange dag van hard werken achter de rug. Eindelijk kom je thuis en je vrouw is helemaal uit haar doen. Je bent vergeten dat jullie die avond een etentje zouden hebben met een ander stel en het is nu te laat. Je vrouw is woedend.

'Het spijt me dat ik zo laat ben, maar dit was geen gewone dag,' zeg je. 'Ik heb maandenlang niet overgewerkt, maar vandaag moest het. Je kunt je waarschijnlijk de laatste keer niet herinneren dat ik een afspraak vergeten ben die wij samen gepland hadden. Ik vergeet dat soort dingen bijna nooit.'

'Vandaag heb je dat wel gedaan. En dat is wat telt.'

Het heeft geen zin te proberen haar woede te bedaren door te wijzen op de geweldige staat van dienst die je hebt.

Voor een vrouw is het verleden irrelevant. Wat telt, is het gevoel van het moment. Als je haar nu teleurstelt, maakt het niet uit of je haar in geen maanden, of zelfs jaren, teleurgesteld hebt. Je successen in het verleden betekenen niets voor haar. Op dit moment telt alleen haar gevoel over je falen.

Voor jou als man is het waarschijnlijk makkelijker om een incidentele fout van een andere man die een geweldige staat van dienst heeft, te vergeven en te vergeten. Wat je ergert is dat een man niet integer is en zich voortdurend niet aan zijn woord houdt. Maar zelfs grote fouten zijn tamelijk gemakkelijk te vergeven wanneer ze gemaakt worden door een man op wie anderszins niets valt aan te merken. Je weet dat hij echt zijn best doet en dat deze fout een zeldzame uitzondering is.

Maar voor een vrouw is het verleden volkomen irrelevant. Eén verkeerd woord tijdens een vijf uur durende vrijpartij die tot dat moment volmaakt was, kan je vrouw volledig van haar stuk brengen, alsof je uren achtereen fouten gemaakt hebt.

In plaats van boos te worden omdat ze zo van streek is door het feit dat je één klein foutje hebt gemaakt na een lange reeks successen, moet je de energie tussen jullie ogenblikkelijk veranderen. Onthoud dat het verleden irrelevant is voor een vrouw, dus je fout wordt even gemakkelijk vergeten als je successen. Zodra je ziet dat ze van streek is, doe dan iets wat haar gelukkig maakt. Overrompel haar met je liefde. Laat haar glimlachen en lachen om je humor. Lik haar hals of til haar van de grond en doe alsof je King Kong bent. Verras haar op de een of andere liefdevolle manier, en haar emoties van het moment zullen als sneeuw voor de zon verdwijnen. Je kortstondige falen zal doeltreffend uit de wereld geholpen worden en is even irrelevant als je lange reeks van successen.

Herstel liefde en geluk in het huidige moment en rechtvaardig je kleine fout niet door te wijzen op je lange reeks successen.

34

ZIJ VOELT ZICH VEILIG BIJ JOUW DUIDELIJKHEID

Een vrouw moet erop kunnen vertrouwen dat jij de leiding neemt wanneer zij haar eigen mannelijke kant afzwakt. Dit geldt op financieel, seksueel, emotioneel en spiritueel gebied. De man hoeft niet daadwerkelijk al het werk te doen, maar hij moet in staat zijn de koers te bepalen, wil zijn vrouw zich onbevreesd kunnen ontspannen in haar vrouwelijke kant.

Sommige vrouwen willen het grootste gedeelte van de tijd de leiding hebben. Dit verlangen om de richting te bepalen – de afstandsbediening van de televisie gebruiken of de stad kiezen waar jullie gaan wonen – is een mannelijk verlangen, in mannen en in vrouwen. Wanneer je vrouw een meer mannelijke seksuele essentie heeft, zal zij meestentijds de richting van jullie leven willen bepalen.

Maar wanneer je vrouw een vrouwelijke seksuele essentie heeft, zullen er momenten zijn waarop ze zich op een aangename wijze wil ontspannen en niet meer de leiding wil hebben. Ze wil zich ontspannen in haar vrouwelijke kant en jou de beslissingen laten nemen. Als jij niet in staat bent om de leiding te nemen, als jij niet weet welke richting je uit wilt gaan, zal je vrouw je gestuntel voelen. Zij zal weer de leiding moeten nemen, omdat jij daar niet toe in staat bent. Ze zal zich niet kunnen ontspannen.

Hoe meer ze zich ontspant in het vrouwelijke, hoe stralender ze zal zijn. Je hebt waarschijnlijk gemerkt dat de uitstraling van je vrouw plotseling kan veranderen. Het ene moment kan ze mat en lusteloos lijken en het andere moment, misschien nadat je haar geprezen hebt of haar hebt verrast met een liefdesgeschenk, straalt ze. Ze ziet er vijftien jaar jonger uit. De rimpels in haar gezicht zijn in enkele seconden verdwenen.

Als je wilt dat je vrouw zich prettig kan voelen in haar vrouwelijkheid en haar natuurlijke uitstraling heeft, moet je ervoor zorgen dat ze niet de noodzaak voelt om de leiding te nemen. Dit betekent niet dat je de baas over haar moet spelen. Het betekent dat je moet weten wat je doel is en hoe je dat gaat bereiken, in elk opzicht, ook financieel en spiritueel.

Als je ook maar de geringste onzekerheid of twijfel hebt over je financiële toekomst, zal je vrouw dat voelen. Je hoeft er niets over te zeggen. Ze zal je twijfel en dubbelzinnigheid opmerken in je lichaam, ogen en de klank van je stem. Het gaat er niet om dat je veel geld verdient; je moet alleen verantwoordelijkheid dragen voor je financiële situatie en rekening houden met de toekomst. Je zou ervoor kunnen kiezen monnik te worden; wat belangrijk is, is dat je duidelijk en verantwoordelijk bent en je laat leiden door je diepste kern van wijsheid. Dan kan je vrouw zich ontspannen. Zij weet waar je staat en wat je plannen zijn. Zij kan je integriteit voelen, zij kan vertrouwen op je leiding, omdat ze weet dat die uit je diepste kern komt. Zij zweeft niet in onzekerheid, maar staat op vaste grond, de grond die jij gecreëerd hebt met je duidelijkheid.

Nog belangrijker is je spirituele richting. Welke kant gaat jullie relatie op? Wat houdt jullie leven in? Waar gaat het allemaal om? Hoe blijven jullie beiden groeien zonder bekneld te raken in de sleur van middelmatigheid?

Als je vrouw het gevoel heeft dat je je spirituele richting kwijt bent, zal ze haar eigen richting zoeken en die aan jou proberen op te leggen, omdat je zelf geen richting schijnt te hebben. Als ze bijvoorbeeld voelt dat je geheel opgaat in je werk en dat je als je niet werkt, niets anders doet dan televisiekijken, zal ze zich afvragen: 'Is dit het? Is dit wat onze relatie voorstelt? Is dit de grootse visie die mijn man heeft?' Wanneer ze voelt dat je in financieel en spiritueel opzicht duidelijkheid mist, zal ze zich bij jou niet kunnen ontspannen. Ze zal automatisch beginnen haar eigen leven richting te geven, en waarschijnlijk ook dat van jou. Ze zal haar eigen mannelijke richting ontwikkelen, omdat die bij jou ontbreekt. En wanneer ze dat doet, zal haar uitstraling afnemen.

Hoe dubbelzinniger je lijkt, financieel en spiritueel, hoe meer ze de behoefte zal voelen om haar energie en aandacht te gebruiken voor haar eigen mannelijke richting en doelen. Voor sommige vrouwen is dit prima; zij moeten hun eigen mannelijke energie ontwikkelen. Andere vrouwen echter hebben hun mannelijke energie reeds ontwikkeld. Zij zouden graag de mogelijkheid hebben hun eigen mannelijke energie te verminderen en die van jou ontvangen als geschenk. Hoe weet je of het gezond is voor je vrouw als ze haar eigen richting bepaalt? Wanneer ze steeds meer opbloeit en gelukkiger wordt naarmate ze haar eigen richting gaat, dan is het goed voor haar. Wanneer ze steeds meer gespannen, verkrampt en sterk geëmotioneerd raakt, dan wekt ze te veel mannelijke leiding bij zichzelf op. Ze pusht zichzelf op manieren die jouw onverantwoordelijkheid aangeven.

Hoe kun je meer verantwoordelijk worden? Niet noodzakelijk door meer te werken. Je wordt meer verantwoordelijk door te weten wat je hoogste doel is en vervolgens vanuit dat weten je geldzaken en spirituele leven op orde te brengen. Om zich te kunnen ontspannen in haar stralendheid en vrouwelijke geluk moet je vrouw voelen dat ze in jouw trein kan stappen en dat die precies gaat naar waar zij heen wil. Het doet er niet toe of je vrouw meer of minder verdient dan jij – of dat zij zelfs al het geld in jullie relatie binnenbrengt. Wat belangrijk is, is dat zij je liefdevolle duidelijkheid, wijsheid en zekerheid van richting kan voelen. Zolang zij voelt dat jij rekening houdt met de financiële situatie en dat je jullie leven met elkaar zo regelt dat de diepst mogelijke liefde en grootse gaven zich manifesteren, zal zij kunnen vertrouwen op je mannelijke leiding en zich kunnen ontspannen in haar vrouwelijke stralende hart.

DEEL VIJF

JE DONKERE KANT

35

JE BENT ALTIJD OP ZOEK NAAR VRIJHEID

De essentiële mannelijke extase vindt plaats als beperkingen loskomen. Dit kan gebeuren wanneer je de dood onder ogen ziet en doorleeft, wanneer je je doel verwezenlijkt (en je er dus vrij van wordt) en in competitie (wat een rituele dreiging van de dood is). Het mannelijke is altijd op zoek naar vrijheid door het doorbreken van beperkingen. Het vrouwelijke begrijpt deze mannelijke manier van doen en behoeften vaak niet.

Je voornaamste drijfveer is los te komen van beperkingen en de vrijheid te ervaren van de andere kant. Wat zijn enkele van de meest voorkomende vormen van mannelijke extase? Orgasme is er een. Het typische mannelijke orgasme houdt, zoals je waarschijnlijk weet, een opbouwen van spanning, of beheersing, in, totdat de dijk uiteindelijk doorbreekt en je spanning en energie vrijkomen. Het postorgasme is een staat van op de dood gelijkende vrede, een leegheid die verwant is aan een gelukzalige vergetelheid. Het mannelijke is op de een of andere manier altijd op zoek naar deze bevrijding.

De meeste sporten bieden deze mannelijke sensatie van het loskomen van beperkingen dat tot het gevoel van vrijheid leidt. In Amerikaans voetbal bijvoorbeeld wordt het team dat balbezit heeft, tegengehouden door het andere team. De uitdaging is om door de opstelling heen te breken en de bal naar de vrijheid te brengen. Mensen met een mannelijke essentie worden waanzinnig emotioneel tijdens dit ritueel van uitdaging en het onder de dwang uit komen en verkrijgen van vrijheid. En wanneer de vrijheid daar is, schreeuwen en juichen mannen, alsof hun diepste hartenwens vervuld is – en dat is ook zo. Deze doorbraak, hoe die ook plaatsvindt, is de voornaamste drijfveer van het mannelijke. Alle mannelijke doelen – op het werk, het meditatiekussen of het voetbalveld – zijn gericht op meer vrijheid.

Dit typisch mannelijke verlangen houdt verband met het gevoel van de dood, die op de een of andere manier de ultieme mannelijke angst is, maar tegelijkertijd vrijheid inhoudt. Orgasme wordt in het Frans *petite mort* of 'kleine dood' genoemd. Je zegt dat je hoopt dat je favoriete voetbalteam het andere team zal 'killen' en je viert je financiële successen (in het Amerikaans 'killings' genoemd) met grote vreugde.

Je bent waarschijnlijk ook vertrouwd met de meer duistere aspecten van het mannelijke verlangen naar vrijheid. Oorlog, waarvan de drijfveer het verlangen naar vrijheid is, is een zuiver mannelijke aangelegenheid. De meeste sporten zijn geritualiseerde oorlog, maar de eigenlijke oorlog zelf resoneert met de kern van de meeste mannen. Zelfs films over oorlog – mannen die op het randje staan, die alles geven wat ze hebben, die tegenover de dood zelf staan, gedreven door een hoger doel – roepen intense emoties in mannen op. Het vermogen om de dood onder ogen te zien omwille van vrijheid, hetzij in werkelijkheid in een oorlog, hetzij als ritueel op het voetbalveld of op het schaakbord, is de ultieme mannelijke daad, die de diepste emoties in mannen naar boven brengt.

Hetzelfde vermogen om de dood onder ogen te zien is noodzakelijk voor geestelijke vrijheid. Om geestelijk vrij te leven, moet je bereid zijn je angsten onder ogen te zien en alles loslaten wat een beperking voor je liefde vormt. De gehechtheid aan comfort en zekerheid is wat de meeste mannen beperkt in hun vermogen om een geestelijk doelpunt te scoren. Het andere team is je eigen behoefte aan persoonlijke zekerheid. Je vecht een oorlog uit met je eigen zelfgevoel. Vrij zijn is sterven aan je behoefte om een afgescheiden zelf te zijn. Wat moet er eigenlijk bedwongen worden? Egodood, onvoorwaardelijke overgave tot op het punt waar één-heid is, is de ultieme vrijheid. Slechts weinig mannen bevrijden zichzelf voldoende om deze diepte van vrijheid te ervaren, omdat ze bang zijn om in een toestand te komen waarin ze absoluut geen spanning hebben. Geen spanning betekent geen gedachten, geen gevoel van een beschermd zelf, geen missie om te volbrengen. Het einde van het mannelijke spel.

Toch is dit spanningsvrije, onbeschermde einde van het spel precies waar je naar op zoek bent, door middel van orgasmen, financiële successen of het winnen van een oorlog. Je bent bereid mindere vormen van mannelijke 'dood' en extase te ervaren, maar je bent niet bereid de dood van je afgescheiden zelfgevoel onder ogen te zien en uiteindelijk de vrijheid te *zijn* die je jezelf slechts af en toe hebt toegestaan te proeven.

Mannen zullen er altijd van genieten geconfronteerd te worden met vormen van 'dood' en daarna vrijheid te ervaren, of het nu is in de vorm van bokswedstrijden, politiefilms, krijgskunst, orgasmen, filosofie (het spanning ontladende 'ah' van inzicht) of egodood. Je moet het belang erkennen van je verlangen om vrij te zijn. Dan kun je genieten van de mindere vormen van mannelijke extase en je volledig wijden aan de hoogste vorm ervan: het overstijgen van de angst voor de dood door de beperkende spanning van je eigen zelfgevoel onder ogen te zien en je zo te ontspannen in de onvoorwaardelijke vrijheid die je altijd intuïtief gekend hebt in je kern, maar alleen maar met tijdelijke middelen getracht hebt te vinden.

Het vrouwelijke daarentegen is niet op zoek naar vrijheid, maar naar liefde. Het geluk van een vrouw ligt niet in leegte, maar in volheid. Haar middel is niet loslaten, maar overgave. Daarom wordt een vrouw boos als een man na een orgasme begint te snurken. Eindelijk heeft hij, in de leegheid na de zaadlozing, de gelukzalige vrijheid van spanning bereikt waar hij de hele dag op de een of andere manier naar op zoek is geweest. Zij hoopt echter door seks liefde en volheid te ervaren, en die brengt een snurkende man haar niet.

Een vrouw vult haar lege planken met snuisterijen, schelpen en stenen die ze op verschillende plaatsen heeft verzameld. Wanneer ze zich niet vol liefde voelt, probeert ze zich eerder te vullen met ijs, chocola of een gesprek dan dat ze haar spanning ontlaadt door televisie te kijken of door klaar te komen, zoals mannen vaak doen. Haar duistere kant geniet meer van de emotionele agressie in soaps en romans dan van de fysieke agressie van bokswedstrijden en pornofilms. Ze hunkert ernaar haar gevoel van geestelijke leegte te vullen door haar hart te schenken en gevuld te worden met liefde. Haar belangrijkste middel tot geestelijke eenheid is overgave aan de toegewijde volheid van onbegrensde liefde, veeleer dan een doorbreken van de angst voor egodood om de onbeperkte oneindigheid van onvoorwaardelijke vrijheid te ervaren.

Uiteindelijk bereiken de vrouwelijke zoektocht naar liefde en de mannelijke zoektocht naar vrijheid dezelfde bestemming: het onbegrensde en eindeloze gebied van zijn wie je bent, wat zowel onvoorwaardelijke liefde als vrijheid is. Maar totdat je je eindelijk ontspant op de plek waar je altijd bent, zal je vrouw zich blijven overgeven – aan jou, chocola en winkelen – in de hoop gevuld te worden met je liefde, en jij zult jezelf blijven ontladen – door televisiekijken, orgasmen en financieel succes – in de hoop leeggemaakt te worden en onbeperkte vrijheid te ervaren.

36

ERKEN JE MEEST DUISTERE VERLANGENS

Als een man zijn verborgen mannelijke verlangen naar vrijheid niet erkent, blokkeert hij zijn mannelijke kracht. Zijn energie zal niet vrijelijk stromen en zijn aandacht zal beperkt worden door onvervulde begeerten. En het belangrijkst van alles: als er op deze manier een blokkade optreedt, verzwakt hij zijn vermogen om onbevreesd tegenover de dood te staan, wat een teken is van bewust leven. Hij zal het onbekende niet onder ogen kunnen zien, de bodemloze zijnsgrond, en toch nog liefdevol functioneren vanuit zijn hart.

Wanneer heb je je vrouw voor het laatst werkelijk in verrukking gebracht? Dat wil zeggen, wanneer heb je haar werkelijk 'genomen', wild, liefdevol, zonder enige remming? Of is het zo lang geleden, dat je gefascineerd wordt en zelfs opgewonden raakt door verkrachtingsscènes op de televisie of in de bioscoop?

Als je niet in staat bent je verborgen hartstochten liefdevol tot uitdrukking te brengen, dan gaan ze een geheim leven leiden in je psyche. Je verborgen verlangens raken de verbinding kwijt met je hart. In plaats van ertoe bewogen te worden je vrouw te omarmen met mannelijke kracht en agressieve hartstocht – haar op bed te gooien, haar kleren ruw uit te trekken en haar neer te drukken onder je lichaam, terwijl jullie je beiden overgeven aan een extatisch liefdesspel – begin je te fantaseren over het overheersen en domineren van vrouwen op niet-liefdevolle manieren.

Het verlangen om in vervoering te brengen is het seksuele aspect van hetzelfde mannelijke verlangen dat tegenstanders opzij wil zetten op een basketbalveld, dat filosofische barrières wil doorbreken om tot intellectueel inzicht te komen of de angst voor de dood wil overwinnen om geestelijke vrijheid te verkrijgen. Het verlangen om in verrukking te brengen is het verlangen om de weerstand te breken die een vrouw voelt om haar hart en lichaam te openen in extatische liefde. Het genot ligt in het haar bevrijden van alle conventionele beperkingen van haar psyche, zodat ze niets anders kan dan zich in liefde overgeven.

Als dit mannelijke verlangen om in verrukking te brengen niet meer uit je hart komt, zul je er genoegen mee nemen om de weerstand van een vrouw zonder liefde te breken, door geweld of dwang. Hoewel weinig mannen het graag zullen toegeven, hebben veel mannen fantasieën gehad over hoe ze een vrouw dwingen om tegen haar zin seks met hen te hebben. Het duistere vrouwelijke verlangen om gedwongen te worden zich over te geven, is even sterk als het duistere mannelijke verlangen om door de weerstand van een vrouw heen te breken. Het verschil tussen verkrachting en verrukking is liefde.

Je vrouw die zich overgeeft om jouw sterke liefde te ontvangen, of jij die je vrouw er liefdevol toe 'dwingt' zich over te geven aan grotere extase, dat is de basis van verrukking. Wanneer jullie niet bereid zijn deze mannelijke en vrouwelijke duistere pool te spelen met liefde en humor, verdwijnen ze in liefdeloze dingen, zoals fantasieën over verkrachting, het bezeten zijn van soaps, tragische verhalen over verlies en wreedheid, en gewelddadige pornografie.

Seksuele energie ligt aan de wortel van je lichamelijke levenskracht en je verhouding tot verrukking onthult je verhouding tot het leven in zijn algemeenheid. Dit geldt ook voor je vrouw. Als je vrouw bang is om zich volledig over te geven en je liefde in alle delen van haar lichaam te ontvangen, zal ze ook bang zijn om zich volledig over te geven en de liefde van het goddelijke helemaal in zich op te nemen. Ze zal zich wezenlijk leeg voelen en zich proberen te vullen met de 'liefde' van voedsel, winkelen, feestjes en gesprekken.

Als je bang bent om je volledig over te geven aan de extase van het lichamelijke liefdesspel met je vrouw – waarbij je alle gevoel van controle en van een afgescheiden zelf verliest, zodat jouw hart en haar hart een zijn te midden van volkomen ongeremde hartstocht – dan zul je ook bang zijn je volledig over te geven aan goddelijke vrijheid. Je zult vasthouden aan je zelfgevoel en gevoel van controle in plaats van je angst los te laten en je over te geven aan de grenzeloze, onkenbare oneindigheid van het bestaan. Je zult je gevuld voelen met je eigen spanning en dus proberen jezelf leeg te maken door middel van de gebruikelijke mannelijke gewoonten zoals televisiekijken, ejaculeren en werken.

In het liefdesleven met je vrouw moet je leren los te laten, onvoorwaardelijk. Tenzij je ervoor kiest een celibatair leven te leiden, kun je hier niet omheen. Je moet in je seksuele verlangen even onbevreesd zijn als in je geestelijke verlangen. De essentiële mannelijke angst is verlies van het zelf – wat ook het essentiële mannelijke verlangen is. Dus als je bent zoals de meeste mannen, dan ben je bereid jezelf te verliezen in dingen waar je controle over hebt zoals sport, kranten en orgasmen, maar je blijft bang om jezelf te verliezen, echt te verliezen, in de liefdesextase met je vrouw, waarbij je je overgeeft aan de onkenbare eindigheid die de geest te boven gaat.

Wanneer je de volgende keer met je vrouw naar bed gaat, voel dan, bij wijze van experiment, door je eigen lichamelijke en emotionele grenzen heen en voel binnen in haar. Voel zo diep in haar dat je je niet meer bewust bent van jezelf, maar dat je haar helemaal beleeft. Voel hoe je in haar beweegt en hoe je grenzen oplossen, zodat je haar wordt, geheel en al bewust van haar adem, haar bewegingen, haar emoties. Heb haar lief en laat los zoals je nog nooit hebt durven loslaten. Voel niet alleen door je eigen grenzen heen, maar ook door haar grenzen, zodat jullie beiden oplossen in de immense kracht van jullie liefde. Ontspan zo volledig in de kracht van de liefde dat alleen de liefde overblijft.

Laat deze liefde je vrouw in verrukking brengen tot ze openbarst, omdat haar hart en lichaam overvol worden, zodat ze geen andere keus heeft dan zich over te geven aan de diepte en kracht van je liefde. Laat met een ontspannen en spontaan lichaam je liefde zo diep in haar binnendringen dat ze overstelpt wordt, zelfs tot tranen toe, wanneer je je overgeeft, alle angst loslaat en alleen maar liefde geeft.

Laat tijdens deze zelfovergave en dit liefde geven al je mannelijke verlangens zich manifesteren, zowel de duistere als de niet-duistere. Doe en wees alles wat je je altijd gewild hebt met haar, liefdevol, spontaan, terwijl je binnen in haar en door haar heen voelt. Let er vooral op dat je van tijd tot tijd ruimte creëert om je door haar energieën en verlangens naar plaatsen te laten brengen waar je nooit alleen naar toe zou zijn gegaan.

Door de volle kracht van je verborgen mannelijke liefde terug te winnen, zul je niet alleen weer het vermogen hebben om je vrouw met onbaatzuchtige extase in verrukking te brengen, maar je zult ook geestelijk weer lef hebben. Je krijgt steeds meer de moed om jezelf los te laten ten aanzien van de egodood. Je zult de blokkade van je mannelijke spirituele verlangen opheffen door je open te stellen voor de duistere kant van je seksuele verlangen, omdat je toestaat dat de liefdeskracht zelf ervoor zorgt dat je de behoefte aan controle en je angstvallige vasthouden aan dingen overstijgt. Je zult je vermogen ontwikkelen om te 'sterven' aan de liefde, zonder de behoefte te voelen aan je zelf vast te houden.

Mettertijd, naarmate deze kracht zich meer vrijelijk in je beweegt, zul je ontdekken dat je een uit zichzelf toegenomen vermogen hebt om je over te geven aan de spirituele 'dood', of het oplossen van je gevoel van een afgescheiden zelf in de vrijheid van onbegrensdheid. In plaats van vast te houden aan je zelf, zul je je meer bewust worden van wie je werkelijk bent en zodoende zul je de Grote Ene herkennen, die zonder grenzen is, die jou nu leeft en die niet anders is dan jij. Maar het vergt moed om je gevoel van een geïndividualiseerd afgescheiden zelf los te laten.

En die heb je niet als je zelfs niet de durf hebt om het gevoel van scheiding los te laten tussen jou en je vrouw, terwijl jullie de liefde bedrijven.

Om je vrouw werkelijk in verrukking te brengen, moet je je overgeven aan de aanbidding en het vertrouwen van haar hart, dat, in werkelijkheid, jouw hart is. Een dergelijke onbevreesdheid zal je voorbereiden op en misschien zelfs inwijden in de aanbidding en het vertrouwen van het bewustzijn zelf, zodanig dat je je steeds beter kunt overgeven aan de onbegrensde Ene die je werkelijk bent.

37

ZIJ WIL DE 'KILLER' IN JOU

Een van de vele eigenschappen die een vrouw in haar man wil, is de 'killer'. Ze verliest haar belangstelling als haar man bang is en wil dat zij de kakkerlak of de muis doodt, terwijl hij op een stoel staat en toekijkt. Ze verliest haar belangstelling als haar man wil dat zij het bed uitgaat om te kijken wat de vreemde geluiden in huis zijn en of er soms een inbreker is. Onbevreesdheid, of het vermogen om de angst voor de dood te overstijgen omwille van de liefde, is een zuivere vorm van de ultieme mannelijke gave.

Hoewel je vrouw niet wil dat je een killer bent, wordt ze geprikkeld door je vermogen om te doden. En ze verliest haar belangstelling wanneer je dit vermogen mist. Stel je bijvoorbeeld voor dat een grote kakkerlak de woonkamer binnenkruipt. Je springt op de bank en schreeuwt tegen je vrouw: 'Maak hem dood, alsjeblieft, maak hem alsjeblieft dood.' Hier zal ze waarschijnlijk niet opgewonden van raken.

Of stel je voor dat je 's nachts met je vrouw in bed ligt. Je hoort beneden in de keuken enkele vreemde geluiden. Je bent bang. Dus je vraagt je vrouw naar beneden te gaan om poolshoogte te nemen. Ze zal niet opgewonden raken door je mannelijke heldhaftigheid.

In beide gevallen zal je vrouw je angst voelen. Ze wil niet dat je een killer bent, maar ze wil wel voelen dat je, indien nodig, de dood onder ogen kunt zien. In feite wil ze voelen dat je in staat bent te doden als dat nodig is. Als een of andere maniak bij je inbreekt en op het punt staat je kinderen iets aan te doen, zou je vrouw niet bepaald blij zijn wanneer jij de mogelijkheid zou hebben om iets te doen, maar in plaats daarvan zou zeggen: 'Oké, meneer de Maniak, wat je ook van plan bent, ik vind het goed.'

De verborgen mannelijke energie van de krijger, degene die de dood onder ogen kan zien en kan doden als dat nodig is, is een essentieel deel van je. Het is tegenwoordig mode om zowel het verborgen mannelijke als het verborgen vrouwelijke te onderdrukken, en daarom bestaat een groot deel van de bevolking uit watjes van mannen en beleefde vrouwen. Maar onder het mooie vernislaagje van de meeste vrouwen schuilt de toornige godin die het hoofd van elke middelmatige new-ageman zou afhakken. En onder de geduldige glimlach van de meeste mannen schuilt de liefdeskrijger die zijn vrouw liever in gelukzalige verrukking brengt dan dat hij luistert naar haar emotionele geklets zonder inhoud.

De verborgen mannelijke energie is tegenwoordig echter zo volkomen onderdrukt dat de gewone man liever een glimlach op zijn verveelde gezicht tovert dan dat hij de spanning die in zijn vrouw zit, doordringt met onvoorwaardelijke liefde. En hij is al even behoedzaam als het erom gaat zijn eigen goedgeplande leven van comfort en zekerheid te verstoren om zijn eigen angst voor de dood te doorgronden.

Hoewel ze zich er misschien eerst tegen zal verzetten, wil je vrouw, als ze een vrouwelijke seksuele essentie heeft, je onbevreesdheid voelen. Ze wil je vermogen voelen om haar geslotenheid, woede en spanning onder ogen te zien zonder dat je probeert haar vrouwelijke kracht te bagatelliseren. Ze wil je standvastigheid in de liefde voelen, zodat haar woede jou niet van haar afkeert. Ze wil je vermogen voelen om standvastig te zijn in je eigen verlangens en haar in verrukking te brengen omdat je van haar houdt zonder dat je bang bent voor haar verborgen energie.

Ze wil dit verborgen mannelijke vermogen niet alleen voelen omdat ze in verrukking gebracht wil worden, maar omdat het een teken is van je algehele vermogen om de dood onder ogen te zien en deze te kennen, zowel je eigen dood als die van anderen. En het is dit vermogen dat je betrouwbaar maakt als man, niet alleen als menselijke krijger, maar ook als spiritueel krijger. Kennis van de dood maakt je nederig en moedig. De kennis van de dood verwijdert het pantser van je hart en laat de kennis van de liefde toe. Deze kennis van de dood en de liefde is de deur die je, door je eigen angsten heen, door je eigen vasthouden aan zekerheid heen, toegang verschaft tot het onkenbare mysterie dat ligt voorbij jouw kleine cel van door jezelf gekoesterde belangrijkheid.

Het verlangen van je vrouw naar je verborgen kant, in de liefde, is een gift aan jou. Wanneer je haar verlangen bevredigt door je verborgen en onbevreesde liefde te cultiveren, zal je behoefte aan zelfbescherming afnemen, en elk moment zul je naakter, kwetsbaarder en waarachtiger zijn, ontdaan van je behoefte aan troost en valse zelfbewustheid. In plaats van achter een veilig gordijn te staan glimlachen om je huidige ervaring en je deelname aan het altijd levensbedreigende potentieel van het moment tot een minimum te beperken, zul je liefdevol je positie opgeven en genieten van het moment, doordringen tot de kern ervan en ontdekken dat je er gelijk aan bent. Door en door voelen is je enige vrijheid.

De 'killer' die je vrouw wil, is iemand die weet dat het leven een stervensproces is dat leidt naar datgene wat niet verloren kan gaan. Alleen wanneer je je angst loslaat, kan je hart onbeschermd blijven. 's Nachts de potentiële inbreker onder ogen durven komen, is slechts een teken voor je vrouw dat je bereid bent alles te verliezen aan de liefde.

38

JOUW BEWUSTZIJN MOET HAAR TEMPERAMENT EVENAREN

Een man moet zijn vrouw tegemoettreden met een opmerkzaamheid die gelijkwaardig is aan haar temperament. De vrouwelijke vernietiger moet tegemoetgetreden worden door de mannelijke verwoester. De godin van de toewijding moet tegemoetgetreden worden door de god van de allesdoordringende liefde. Of het nu om de duistere of om de lichte kant van zijn mannelijke vermogen gaat, wanneer een man daarin vastzit of hem probeert te ontwijken, zal zijn vrouw hem op dat gebied testen. Deze testgebieden zijn gewoonlijk in de eerste plaats de duistere kant. Pas als daar vertrouwen is opgebouwd, pas als de duistere vrouwelijke minnares weet dat ze de duistere mannelijke minnaar tegen zal komen, zal de lichte kant getest worden.

Zoals je waarschijnlijk weet, kan je vrouw een heks, een seksslaaf, een Amazone, een godin van het licht, een voedende moeder, een demon, een fantastische minnares, een wijze lerares, een wild dier en alles daartussenin zijn. Als algemene regel geldt dat ze steeds weer zal terugkeren naar de energie waar jij niet tegen opgewassen bent.

Als jij je bijvoorbeeld vooral ergert aan haar boosheid, lijkt ze steeds weer terug te keren naar de energie van boosheid. Wanneer jij niet in staat bent haar boosheid te omarmen met de woestheid van je liefde, die haar boosheid omvormt tot hartstocht, dan zal ze jouw vermogen hiertoe blijven testen. Al haar temperamenten die jij door de kracht, helderheid en opmerkzame humor niet kunt omzetten in liefde, zullen steeds terugkomen en zul je steeds weer onder ogen moeten zien.

Misschien raakt ze vaak gespannen en geagiteerd. Je hebt talloze malen geprobeerd hierover met haar te praten. Het schijnt allemaal niets uit te maken. Dus je probeert het gewoon niet meer. Je leert haar spanning te verdragen.

Zonder er bewust voor te kiezen om gespannen te raken, zal ze je blijven testen. Je zult getest worden totdat je opmerkzaamheid in staat is haar voorbij haar spanning te brengen en haar te laten opbloeien. Een minder bekwame man zou kunnen besluiten: 'Ze moet het zelf maar zien op te lossen.' Maar ze zou geen relatie met jou hebben als ze het zelf wilde oplossen. Zij wil jouw bewustzijn – helder, sterk en vrij – net zoals jij haar stralendheid wilt. Als je niet in haar stemmingen doordringt, kan ze jouw vrije bewustzijn niet voelen. In plaats daarvan voelt zij hoe je je handen in de lucht steekt, machteloos tegenover haar energie.

Het geheim is dat je tegenover haar temperament bewustzijn stelt *dat je met je lichaam tot uitdrukking brengt*. Als zij aan het schreeuwen is en met het serviesgoed gooit, moet jouw lichaam samenkomen met haar energie. Jouw onbevreesdheid en liefdeskracht moeten zich manifesteren via je lichaam. Als je ineenkrimpt, met ingehouden stem praat en haar vertelt dat je van haar houdt, zal ze je niet geloven. Als je naar haar toe loopt, haar in je armen neemt en liefhebbend lacht om de humor van het moment, zal ze je vrijheid voelen, als die tenminste echt is. Ze zal die voelen omdat ze via je lichaam tot uitdrukking wordt gebracht.

Je lichaam, de klank van je stem en de blik in je ogen betekenen veel meer voor haar dan alles wat je zou kunnen zeggen. Zeg haar niet wat ze moet doen, maar doe het met haar, met je lichaam. Als ze gespannen is en zich afsluit, til haar armen dan boven haar hoofd en kus haar hart. Vertel haar niet dat ze zich moet openen. Maak haar open, lichamelijk, met de openheid van je lichaam.

Hetzelfde geldt voor haar gelukzaligheid; je moet deze lichamelijk tegemoettreden. Wanneer ze verkeert in de extatische weeën van toegewijde overgave aan de goddelijke liefde, dan moet jouw bewustzijn evenzeer vrij zijn. Jouw lichaam moet met haar lichaam samenkomen vol ontspanning, kracht en vertrouwen. Je vermogen om je over te geven door je angsten heen en om je gevoel van een afgescheiden zelf los te laten in goddelijke gemeenschap, moet even sterk zijn als haar overgave aan de liefde. En je moet dit laten zien met je lichaam, niet alleen met je woorden.

Als je overgave aan de gemeenschap niet zo sterk is als die van haar, zal ze terugkeren naar de plaats van je beperkende angst, je zwakke schakel, en je daar testen. Als je in de war raakt of liefdeloos reageert wanneer ze je financiële talenten in twijfel trekt, dan zal ze dat blijven doen. Als het je een gevoel van zwakte geeft wanneer ze je seksuele vermogen in twijfel trekt, dan zal ze dat blijven doen, impliciet of expliciet.

Ze zal nooit vertrouwen hebben in je 'lichtere' mannelijke capaciteiten totdat je je 'meer duistere' mannelijke capaciteiten bewezen hebt. Je vrouw heeft een intuïtieve kennis als het gaat om je bewustzijn. Ze weet dat als je niet vrij bent om haar duistere energie van vernietigster tegemoet te treden en haar liefdevol in verrukking te brengen, je ook niet vrij zult zijn om de duistere vernietigster van de wereld – die je geestelijke vrijheid zal testen – met kracht en liefde tegemoet te treden.

Je moet niet proberen haar te plezieren. Daar gaat het niet om. Ze biedt je een geschenk aan. Ze schenkt je een energie in de vorm van haar stemming en emotie, waarbij ze je een mogelijkheid biedt om te leren deze energie 'meester te worden' met je onbevreesde liefde. Welke energie ze je ook schenkt, je kunt er zeker van zijn dat de wereld je die ook zal schenken. Als je ooit geprobeerd hebt je inkomen te verhogen of je geestelijke helderheid te vergroten, weet je dat de wereld je zal testen. Alleen door je volharding, onbevreesdheid en liefdevolle gedienstigheid zwicht de wereld voor je inspanningen.

En hetzelfde geldt voor je vrouw. Je probeert niet haar te plezieren. Je bent aan het leren de wereld, met inbegrip van haar, met bewustzijn en liefde te doordringen. Dat is wat je hier te doen staat.

De wereld zal je bijvoorbeeld op financieel en spiritueel gebied testen met duistere, wilde en weerstand biedende energieën, op dezelfde manier als je vrouw je op emotioneel gebied test. Als je uit angst je diepste gaven voor haar verbergt, zul je ook uit angst je diepste gaven voor de wereld verborgen houden. Als je het bij haar op een bepaald punt opgeeft, zul je dat ook doen bij het schenken van je gaven aan de wereld.

Je vrouw kent je zwakheden beter dan wie ook. Zij weet waar je zult struikelen en het zult opgeven. Zij weet met welke mate van middelmatigheid jij genoegen neemt. En ze kent je ware capaciteiten als volwaardige man, een man met een bewustzijn en liefde die vrij zijn. Als zij een goede vrouw is, is het haar gave om je te testen met haar meest duistere stemmingen, steeds maar weer, totdat je bewustzijn niet meer wordt verstoord door het vrouwelijke testen en je in staat bent haar te doordringen met je liefde, net zoals je hier bent om de wereld met liefde te doordringen. Als reactie op je onbevreesde bewustzijn zal zij je wereld dompelen in liefde en licht.

DEEL ZES

VROUWELIJKE AANTREKKINGSKRACHT

39

HET VROUWELIJKE IS OVERVLOEDIG

Er is nooit een tekort aan vrouwen of vrouwelijke energie. Wanneer een man het gevoel heeft dat er niet genoeg vrouwen zijn of dat het leven hem niet geeft wat hij wil, dan ontkent hij eenvoudig zijn relatie met het vrouwelijke. Dit gevoel van uithongering – ' het leven steunt me niet' of 'er zijn geen goede vrouwen' – is gewoonlijk geworteld in de relatie van een man met zijn moeder in zijn vroege jeugd. Het leven zelf is het vrouwelijke. Er is nooit een tekort aan vrouwelijke energie, er is alleen een weerstand om haar te ontvangen, erop te vertrouwen en haar te omarmen.

Vrouwelijke energie daadwerkelijk weigeren, maakt je moe, droogt je uit en doet je hongeren naar een vrouw. Je leeft op dit moment in een oceaan van vrouwelijke energie. Vrouwelijke energie vult je lichaam met leven, doet je hart kloppen en laat je ademen. Er zijn overal om je heen vrouwen die, wanneer ze op de juiste wijze zijn ingewijd in de liefde met wederzijdse overgave, elke cel van je lichaam zouden voeden met verfrissende, opwekkende, verjongende, vrouwelijke energie. Als je het gevoel hebt dat je gestrand bent op je eigen mannelijke eiland van moeheid en honger, komt dat doordat je weigert de energie en vrouwen om je heen te omarmen.

Als je je geïsoleerd voelt en moe, voel het huidige moment dan alsof het een vrouw is. Voel het alsof je een vrouw omhelst, lichamelijk. Voel de voorkant van je lichaam alsof die tegen de voorkant van een naakt vrouwenlichaam is aangedrukt, waarbij je vervuld wordt van haar vrouwelijke zachtheid en levendigheid. Voel haar borsten en buik tegen je aan. Adem diep alsof je haar bedwelmende geur inademt. En ontvang terwijl je inademt niet alleen haar geur, maar ook de essentie van de vrouwelijke heerlijkheid zelf, alsof het voedzame voeding voor je mannelijke ziel is.

Ontspan je lichaam en voel de oceaan van vrouwelijke energie om je heen. Voel jouw contouren als haar vorm, de geluiden om je heen als haar kreunen en lachen, en het licht om je heen als haar glimlach. Ontspan je in het moment zoals je je ontspannen zou bij je geliefde, niet figuurlijk, maar letterlijk, lichamelijk, volkomen doelbewust en aanwezig.

Doe hetzelfde in het gezelschap van vrouwen van vlees en bloed. Voel hen niet louter als vriendinnen, collega's of zussen, maar als wandelende zegeningen van energie. Ontvang hun boosheid als een opwekkende energiestoot. Ontvang hun sexy verschijning als een zegen van verlevendiging. Ontvang hun blijheid, zelfs als je neerslachtig bent, als een lichte, verfrissende regen. Open je adem en lichaam, en ontvang van iedere vrouw de unieke geur van vrouwelijke energie, zodat je dag een feest van overvloed wordt.

Je hoeft de vrouwen die je gedurende de dag ontmoet, niet te laten merken dat je iets speciaals doet. Blijf hen behandelen op de manier die gepast is in de situatie. Maar ontspan tijdens dat alles en geniet van de overvloed van vrouwelijke energie om je heen, zowel in de vorm van vrouwen van vlees en bloed als in de vorm van het moment.

40

GUN OUDERE VROUWEN HUN MAGIE

Mannen dienen oudere vrouwen te steunen in hun wijsheid, kracht en intuïtieve en genezende vermogens. Mannen moeten oudere vrouwen niet omlaag halen door van hen te eisen of te verlangen dat ze net zo zijn als jonge vrouwen. Oudere en jonge vrouwen moeten niet vergeleken worden. Elke leeftijd van een vrouw heeft zijn eigen waarde en de overgang van oppervlakkige glans naar diepe uitstraling is onvermijdelijk.

Om velerlei redenen, van biologische tot occulte, voel je je waarschijnlijk seksueel meer aangetrokken tot jonge vrouwen dan tot oudere. Als je langs het strand of op straat loopt, draai je je hoofd waarschijnlijk eerder om voor een twintigjarige vrouw dan voor een zestigjarige. Dit is heel natuurlijk.

Maar vrouwelijke energie houdt meer in dan dit. Jeugdige seksuele aantrekkelijkheid is een tijdelijk aspect van een veel diepere en meer fundamentele eigenschap van vrouwelijke energie, namelijk uitstraling. Vrouwelijke uitstraling is niet alleen de blos op de wangen van een jonge vrouw of de glans van haar huid, maar het is de glinstering van de levenskracht zelf. De ware uitstraling van een vrouw onthult de mate waarin ze open, vertrouwenwekkend, verbonden en liefhebbend is. Haar vermogen om lief te hebben maakt het haar mogelijk om door de levenskracht zelf bewogen te worden. Hierin ligt de ware aard van de vrouwelijke uitstraling en kracht, en die gaat veel verder dan de simpele sexy verschijning van een naïeve jonge vrouw.

Als een vrouw jong is, geleidt haar lichaam de levenskracht gemakkelijker en daarom lijkt ze over het algemeen stralender dan een oudere vrouw. Maar zelfs onder jonge vrouwen zijn er die alleen aan de buitenkant mooi zijn, en die wier schoonheid diep van binnenuit komt. Naarmate een vrouw ouder wordt, begint haar huid het jeugdige vermogen te verliezen om de levenskracht te geleiden. Wat duidelijk overblijft van haar vrouwelijke uitstraling is in de eerste plaats haar diepe schoonheid.

In feite is het deze diepe schoonheid die je het meest aantrekkelijk vindt, zelfs in jonge vrouwen. Er is een verschil tussen je kniereflexachtige reactie op een leuk meisje en de openhartige verwondering en de gedachteloze bezwijming die je voelt in het gezelschap van een vrouw die beweegt, ademt, glimlacht en stralende vrouwelijke energie uitstraalt als een godin. Wanneer je in de ogen van zo'n vrouw kijkt, voel je een bijna adembenemende diepte van compassie, liefde en mysterie. Deze diepe vrouwelijke schoonheid of uitstraling hoeft niet af te nemen met de jaren. In feite kan ze groter, dieper en volmaakter worden.

Als je niet verbonden bent met je diepe mannelijke kern van doelgerichtheid en bewustzijn, zul je je ook niet verbonden kunnen voelen met de diepte van een vrouw. Je kijkt niet verder dan haar huid en je wordt aangetrokken door het oppervlakkige vertoon van haar uitstraling, terwijl dat juist vaak verdwijnt wanneer de jeugd voorbij is. Je zult onbewust de werkelijke en diepe vormen van vrouwelijke uitstraling niet op waarde kunnen schatten en zo bijdragen aan de maatschappelijke neiging om alles wat jong is te vereren en vrouwen aanmoedigen om te proberen er jonger uit te zien en zich jonger – en oppervlakkiger – te gedragen dan ze in werkelijkheid zijn, en daarbij de kracht en uitstraling ontkennen die van binnenuit komt.

De natuurlijke sex-appeal van een jonge vrouw zal je altijd energie geven. Dit hoef je niet te ontkennen. Maar de ontzagwekkende schoonheid en de stralende ongedwongenheid van een vrouw met diepte kunnen je denken stilzetten, je hart verruimen en je lichaam buiten werking stellen in het mysterie van de vrouwelijke gratie, en dit allemaal in één ogenblik, met één enkele blik of aanraking, ongeacht hoe oud haar lichaam is. En in een relatie met een dergelijke vrouw zijn er geen grenzen aan de verrukking die vibreert in jullie vereniging. De onbegrensde vrouwelijke uitstraling van liefde en de tijdelijke lichamelijke sex-appeal zijn beide zegeningen; je moet, van moment tot moment en van jaar tot jaar, besluiten op welke eigenschappen je je richt en welke je vereert met je aandacht, lof en vereniging.

Naarmate een vrouw ouder en wijzer wordt, neemt haar 'psychische gewicht' toe. Ze wordt een 'grotere' vrouw, die in staat is haar omgeving te beïnvloeden met een sterkere magie dan een minder ontwikkelde vrouw. Ze kan met grote nauwkeurigheid de tekenen der natuur lezen en op een bijna schokkende wijze invloed uitoefenen op bepaalde gebeurtenissen. Een echte man eert en waardeert dit soort magie, en weet dat het een aanvulling is op zijn mannelijke manier van dingen tot stand brengen.

Een oudere vrouw zal ook minder van je bullshit tolereren dan een jongere vrouw. Hoewel dit een van de redenen kan zijn waarom je de voorkeur geeft aan jongere vrouwen, moet je je prioriteit stellen. Als je je aangetrokken voelt tot jongere vrouwen, pas dan op dat je geen gemakkelijke relatie zoekt met een vrouw die accepteert dat je afdwaalt. Als het je doel is om nog losser te komen van de druk die je voelt en om je ware gave aan de wereld te geven, dan kan een geestelijk rijpe vrouw – die je niet laat voorthobbelen in je comfortabele gewoonten van zekerheid en afleiding – een uitstekende bondgenoot zijn op je reis.

41

ZET JE BEGEERTE OM IN INSPIRATIE

Als een man een mooie vrouw ziet, is het natuurlijk dat hij energie voelt in zijn lichaam. Meestal interpreteert hij dat als seksueel verlangen. In plaats van deze energie te ontladen in geestelijke fantasieën, moet een man leren om zijn verhoogde energie te laten circuleren. Hij moet diep ademhalen en de energie door zijn hele lichaam laten circuleren. Hij moet met zijn verhoogde energie omgaan als met een geschenk dat zijn lichaam kan helen en verjongen. Hierdoor wordt zijn verlangen omgezet in een vol hart en kan zijn begeerte worden omgezet in dienstbaarheid die de wereld kan helen. Dat gebeurt niet door seksuele aantrekkingskracht te ontkennen, maar door er volop van te genieten en haar door zijn lichaam te laten circuleren (zonder haar te laten stagneren als geestelijke fantasie) en haar terug te geven aan de wereld, vanuit zijn hart.

Bij de meeste mannen heeft seksuele energie de neiging rechtstreeks naar een van de twee volgende plaatsen te gaan: het hoofd of de geslachtsdelen. Of je hoofd wordt gestimuleerd en je begint te fantaseren dat je bij een vrouw bent die je opwindt, of je geslachtsdelen worden geprikkeld en je wilt seks. Je hoofd en je geslachtsdelen zijn echter gewoon de noord- en zuidpool van het gehele lichaam. Een echte man laat de prikkelende energie door zijn hele lichaam circuleren, waarbij hij er vooral voor zorgt dat ze niet stagneert in opgeblazen fantasieën.

Het doel van seksuele begeerte is schepping. Voortplanting is slechts het biologische aspect van schepping. Als man heb je de wereld waarschijnlijk veel meer te geven dan alleen kinderen. Zoals mooie vrouwen inspireren tot biologische voortplanting, inspireren ze ook tot artistieke, sociale en geestelijke creativiteit. Als het erop aankomt, zullen de meeste creatieve mannen toegeven dat vrouwen op de een of andere manier hun muze en inspiratiebron zijn. Vrouwen brengen hen op de wereld. Vrouwen zetten hen ertoe aan te scheppen en de mensheid te dienen. Sommige mannen gaan zelfs zover dat ze zeggen dat als er geen vrouwen waren, zij helemaal niet zo geïnteresseerd in de wereld zouden zijn.

Iedere man is waarschijnlijk wel eens door een vrouw geïnspireerd. Een dergelijke inspiratie is veelal tijdelijk, omdat de meeste mannen niet weten hoe ze hun relatie met het vrouwelijke moeten cultiveren. Ze worden geïnspireerd en spuiten het er vervolgens uit, door gedachteflitsen en zaadlozing. Dan gaan ze weer op zoek naar inspiratie, via meer vrouwen of via andere bronnen van vrouwelijkheid zoals alcohol, drugs of de natuur.

Maar als je leert om je gewoonten van het opbouwen en loslaten van geestelijke en seksuele spanning te disciplineren, kun je je inspiratie voortdurend cultiveren en vergroten. Je kunt de verslavende cycli van seksualiteit en bedwelming afwennen. Je kunt gebruikmaken van de natuurlijke kracht van seksueel verlangen, zowel naar je eigen vrouw als naar andere vrouwen, en je neiging tot fantaseren en begeerte omzetten in de kracht van inspiratie.

Voel begeerte. Voel wat ze werkelijk is, in haar totaliteit. Jouw begeerte onthult je werkelijke verlangen om je te verenigen met het vrouwelijke, om er zo diep mogelijk in door te dringen, om haar heerlijke licht te ontvangen als stralend voedsel voor je mannelijke ziel en om je geheel aan haar te geven, waarbij je jezelf verliest in het geven, zodat jullie beiden bevrijd worden door de explosie van je geschenken en boven jezelf uit kunnen stijgen.

Deze explosie van geschenken zou de basis van je leven

kunnen zijn en niet slechts een moment van seksuele overgave. Als je seksuele begeerte of verlangen naar welke vrouw dan ook voelt, haal dan diep adem en laat het gevoel van verlangen groter worden. En laat het nog groter worden. Laat de energie niet opgesloten raken in je hoofd of geslachtsdelen, maar laat haar door je hele lichaam circuleren. Terwijl je je adem als instrument hiervoor gebruikt, laat je elke cel baden in de opgewekte energie. Adem haar in in je hart, voel dan buiten je hart en voel de wereld alsof ze je geliefde is. Ga op een uitademing de wereld in en doordring haar, vaardig en spontaan, en open haar voor de liefde. Laat de sex-appeal van vrouwen je op deze manier helpen je gave te ontdekken en te geven, in plaats van je te verleiden tot cycli van prikkeling en lozing.

42

STA NOOIT TOE DAT JE VERLANGEN ONDERDRUKT OF AFGEZWAKT WORDT

Als een man zijn verlangen naar het vrouwelijke ontkent, omdat hij ervoor kiest, of omdat het zo gewoon is geworden, is dat een teken van zijn depolarisatie, zelfs ten opzichte van de wereld. Hij kan op zoek gaan naar een maîtresse om hem opnieuw kracht te geven, maar dit is meestal slechts een tijdelijke en ingewikkelde oplossing, aangezien het slechts een kwestie van tijd is voordat zijn maîtresse ook iets gewoons wordt en dus gaat vervelen. Iedere vrouw ten opzichte van wie een man gedepolariseerd raakt, zal zijn afwijzing, weerzin en afwenden voelen. Als reactie zal ze boos en destructief worden. Haar 'ontmande' energie zal chaotisch beginnen te bewegen en zelfs zelfdestructief worden. Een man heeft geen alternatief; hij moet een gepolariseerde relatie met zijn vrouw en zijn wereld onderhouden, wil hij de relatie met hen handhaven.

Er zijn twee mogelijkheden. Je kiest ervoor om je gave te geven als een celibatair, die leeft met een zeer minimale betrokkenheid op de wereld en vrouwen. Of je kiest voor volledige betrokkenheid met de wereld en vrouwen, als een manier om je gave te geven. Als je ervoor kiest volledig betrokken te zijn op de wereld en vrouwen, moet je een bepaalde mate van polarisatie of wederzijdse aantrekking met hen in stand houden. Anders zul je de wereld en vrouwen gaan afwijzen, je tegen ze gaan verzetten en een hekel aan ze krijgen, wat je vermogen om je gave te geven zal ondermijnen.

Je hebt waarschijnlijk wel het gezicht van je vrouw gezien toen je op het punt kwam dat je haar 'verdroeg', in plaats van in haar door te dringen. Ze begint er uitgeput en afgetobd uit te zien. Haar zure gezicht getuigt van een hart en een lichaam die niet in verrukking worden gebracht door de helderheid en kracht van je mannelijke liefde. Ze schijnt nooit echt gelukkig te zijn.

Uiteindelijk keert haar wrok zich naar binnen en begint haar lichaam ziektesymptomen te vertonen. Haar huid lijkt voor je ogen te verschrompelen. Haar geur staat je tegen. Naarmate haar frustratie en negativisme toenemen, voel je je steeds minder tot haar aangetrokken, waardoor ze zelfs de normale menselijke genegenheid moet ontberen. Als de situatie echt slecht wordt, lijkt ze zo lelijk en somber dat ze je zelfs tegen gaat staan en wanneer je je geheel terugtrekt, blijft zij achter met een dorre kern. Jullie blijven misschien bij elkaar omdat je van elkaar houdt, maar jullie zijn beiden volkomen gedepolariseerd en worden meer door elkaar afgestoten dan dat jullie elkaar opwinden.

Intussen begin je waarschijnlijk dezelfde afkeuring te voelen ten opzichte van de wereld. Mettertijd verlies je wellicht je belangstelling voor de dingen waar je mee bezig bent en je carrière. Je overweegt misschien van baan te veranderen of een andere vrouw te zoeken. Iets nieuws lijkt, alleen omdat het nieuw is, aantrekkelijker en opwindender dan je uitgeputte vrouw en je saaie carrière.

En je hebt gelijk. Een nieuwe vrouw en nieuw werk zullen je opwinden en opvrolijken. En dit is precies wat een middelmatige man doet: hij blijft bij een vrouw en een baan zolang ze hem interesseren en opwinden. Wanneer de opwinding lijkt te verdwijnen, gaat hij naar een andere en vervolgens weer een andere veelbelovende bron van polariteit en opwinding.

Het is niet de tijd die verrukking doodt, maar sleur, neutralisering en gebrek aan doelgerichtheid. Voor een andere man is je vrouw misschien heel opwindend, terwijl ze voor jou als een oude schoen is. Wellicht is het niet je vrouw die versleten is, maar jouw vermogen om te verlangen. Je wilt misschien zo weinig mogelijk met haar te maken hebben, maar je gebrek aan verlangen is alleen dat: een gebrek aan verlangen. Je hebt zoveel tijd met je vrouw doorgebracht dat jullie elkaar uitgeput hebben, zoals twee magneten die elkaar gedemagnetiseerd hebben. Sleur kweekt depolarisatie, en depolarisatie kweekt verachting onder geliefden

Elke keer dat je je vrouw behandelt als een kinderverzorgster of een maatje, neutraliseer je dezelfde seksuele verschillen waardoor je je heimelijk aangetrokken voelt tot je vrouwelijke babysit of zakenrelatie. Gaandeweg begin je je bij je vrouw ook werkelijk seksueel neutraler te gedragen dan bij de andere vrouwen die je de hele dag door ontmoet.

Het is goed mogelijk dat je vrouw gevoeliger is voor seksuele energie dan jij. Zij zal dan de gevolgen van deze neutralisering, of depolarisatie, waarschijnlijk eerder voelen dan jij. En dan zal haar eerste reactie zijn dat ze zich afgewezen voelt. Niet op grote punten, maar op kleine, keer op keer, hetgeen haar vrouwelijke uitstraling ondermijnt. Zelfs als ze straalt, behandel je haar seksueel neutraler dan een vrouw in de bus. Ze zal zich gekwetst voelen en somber worden, en jij zult je nog minder tot haar aangetrokken voelen.

Hoewel jullie je beiden in deze neerwaartse spiraal van somber makende depolarisatie bevinden, moet je haar daar niet de schuld van geven. Een echte man neemt altijd de volledige verantwoordelijkheid op zich, in het besef dat hij uiteindelijk niets in eigen hand heeft. Hij handelt met onberispelijke moed en volharding en verwacht niets dan het inherente gevoel van volledigheid dat hij ervaart wanneer hij zijn gave ten volle geeft.

Wanneer je vrouw er gesloten, somber of ronduit lelijk uitziet, stel je dan voor dat ze een godin is en er behoefte aan heeft dat jij als een god haar hart en lichaam binnendringt. Merk op hoe haar sombere stemming je aanvankelijk een gevoel van afkeer geeft, en neem de volledige verantwoordelijkheid voor haar transformatie. Je weet hoe je bijvoorbeeld geheel kunt opgaan in een project dat je moet afronden op je werk. Ga met haar stemming om met dezelfde vurige intentie. Haar stemming is jouw uitdaging.

Kun je haar lichaam en hart met zoveel liefde en humor binnendringen dat ze lacht, zich ontspant en opfleurt, ondanks zichzelf? Kun je de echtgenote in haar naar boven brengen door haar met dezelfde plagerijen en seksueel geladen aanraking en blikken te behandelen als je je maîtresse zou doen?

Dat wil je niet, dat is een ding dat zeker is. Wanneer je gedepolariseerd bent, is het laatste wat je wilt hem omhoog te krijgen voor dat chagrijn. En toch is dat precies wat een echte man doet, met zijn vrouw en met zijn wereld. Hij weet dat wanneer de dingen saai worden, het zijn eigen schuld is. Hij weet dat hij alleen echt gelukkig is wanneer hij zijn gave geeft, ten volle en tot de laatste druppel. Hij weet dat depolarisatie een teken is dat hij niet meer alles van zichzelf geeft, en dus reageren de wereld en zijn vrouw niet meer ten volle.

Soms moet je verder in het leven, naar een andere baan of een andere vrouw. Dat is oké, het is een waarachtige vorm van groei: duidelijk, krachtig; het is een aspect van het voortgaande proces van het geven van je gave. Maar veelal komt je eerste impuls om een andere weg in te slaan wanneer je het moment niet meer binnengaat met je volledige vermogen om te geven en je maar voorthobbelt en dingen verdraagt in plaats van dingen te scheppen.

Je kunt het tientallen jaren moeilijk hebben met een baan voordat je je realiseert dat je een groot gedeelte van je leven verspild hebt. Maar wanneer je het slechts een paar minuten moeilijk hebt met je vrouw, zal ze blijk geven van haar pijn. Die zal van haar gezicht af te lezen zijn en tot uitdrukking komen in de klank van haar stem. Haar schijnbare lelijkheid zal de verzwakking van haar stralende kern weerspiegelen als reactie op jouw dubbelzinnige verlangen. Haar sombere stemming is voor jou even onverkwikkelijk en afstotelijk als jouw dubbelzinnigheid dat voor haar is.

Er is slechts één moment van werkelijke uitdaging voor nodig om een man zijn vastberadenheid terug te geven, een onvoorziene gebeurtenis of iets bedreigends dat zijn beste kunnen vereist. En er is slechts één moment van lofprijzing en grote waardering voor nodig om een vrouw weer te laten stralen. Het kan met je vrouw gebeuren in de supermarkt of in het sportcentrum als een man blijk geeft van zijn waardering. Of het kan gebeuren als ze met jou aan de keukentafel zit.

In plaats van te besluiten het bijltje erbij neer te gooien omdat je te zwak bent om je eigen geneutraliseerde gebrek aan verlangen te boven te komen, kun je veel beter proberen de uitdaging aan te nemen om liefde aan de dag te leggen in de sombere wereld en in je sombere vrouw. Gebruik je lichaam en geest om de somberheid van je vrouw om te smeden tot liefde. Zelfs al heeft ze gele ogen en tanden, ze is nog steeds dol op dansen. Het hangt van jouw vrijheid en kracht van overbrengen af of ze je energie uitput, je tollende hoofd eraf bijt óf zich overgeeft aan je onbevreesde hartstocht.

43

GEBRUIK HAAR AANTREKKELIJKHEID OM BIJ JOUW BRON TE KOMEN

Een goede vrouw is voor een man een bron van inspiratie en aantrekkingskracht in de wereld. Hij dient echter nooit te vergeten dat noch de wereld, noch zijn vrouw het doel van zijn bestaan is. Hij moet er zich altijd in oefenen om, zonder terughoudendheid en minachting, door vrouwen en de wereld heen te voelen, tot in hun bron of ware aard. Het aangetrokken worden tot vrouwen moet omgezet worden in aangetrokken worden door vrouwen. Hij moet zijn verlangen voelen zonder het te onderdrukken en dan door zijn verlangen heen voelen tot in de bronenergie van zijn verlangen. Hij moet door haar schoonheid heen voelen in de eigenlijke verrukking, waarvan haar schoonheid slechts een rimpeling en een herinnering is. Zijn hele relatie tot uiterlijkheden wordt weerspiegeld in zijn relatie tot vrouwen, ofwel als een obsessie, als afleiding, ofwel als een openbaring.

Vergeet bij je aanbidding van vrouwen nooit dat zij doodgaan. Vergeet bij het ervaren van plezier en verrukking nooit dat je gewaarwordingen en gevoelens van voorbijgaande aard zijn en nooit volledige voldoening geven. Vrouwen kunnen je aantrekken, je helen en je gaven bezielen, maar ze zullen je nooit helemaal bevredigen. Nooit. En dat weet je.

Daarom zijn vrouwen zo frustrerend voor je. Hun belofte trekt je op de een of andere manier aan, misschien wel vele malen per dag. En toch heb je je hele leven geleerd en zul je blijven leren dat zij de belofte niet kunnen vervullen. De vervulling die een vrouw je lijkt te geven, komt niet van haar lichaam.

Het spel van jouw lichaam dat haar lichaam wil, is de meest duidelijke mystificatie van vervulling. Als je ooit de vrouw gehad hebt die je wilde, weet je dat het nooit zo goed is als je gehoopt had, althans niet voor lang. En toch blijf je je steeds weer aangetrokken voelen tot dezelfde vrouw of tot verschillende vrouwen. Het is allemaal hetzelfde. Je wordt misleid door de waan van je eigen verlangen. Je wordt begoocheld door je eigen opwinding. Vrouwen kun je hier niet de schuld van geven. Zij moeten gekoesterd worden.

En ze moeten doorvoeld worden. Een vrouw voelen en je alleen maar laten leiden door je verlangen naar haar lichaam is dom. Stieren en huisvliegen worden bevredigd door vrouwelijke vormen en verlangen. Het is een eindeloze, domme cirkel van begoocheling, verlangen en behoefte. En toch is het niet iets wat je zomaar weg kunt wuiven, omdat je een groot deel van je leven naar vrouwen kijkt, aan hen denkt en hen begeert. Het is echter wel iets dat doorvoeld kan worden.

Het moment suprême van je verlangen kan gebruikt worden om je over te leveren aan de bron waarvan vrouwen niet meer dan een belofte zijn.

Vrouwen zijn de belichaming van alle verschijningsvormen, van alles om je heen, het potentiële en werkelijke. En zoals vrouwen lijken alle verschijningsvormen iets te beloven wat je graag wilt. Je wilt dat je baan je succes brengt. Je wilt dat je vrouw je liefde geeft. Je wilt dat je lichaam je plezier verschaft. Je wilt dat je hond je gehoorzaamt. Als je niet krijgt wat je wilt – als je geld verliest, je vrouw een hekel aan je heeft, je lichaam pijn doet en je hond je bijt – ben je ongelukkig.

Als je wel krijgt wat je wilt, ben je minder ongelukkig.

Je bent het minst ongelukkig als je vrij bent van de behoefte om ook maar iets te verwachten van verschijningsvormen. Gewoon in je auto rijden, niets willen, de bomen voorbij zien gaan, kan een openbaring van perfectie zijn. Een diepe slaap, een orgasme, een dagje vissen, in de ogen van een kind kijken, dergelijke dingen kunnen je lang genoeg van je zoektocht afleiden om te beseffen dat je reeds hebt wat je zoekt, dat wat verschijningsvormen beloven een openbaring is van de diepe en gelukzalige natuur die je eigen is.

Jij *bent* datgene wat je zoekt, maar je hebt je eigen diepte verlaten en zoekt elders. De spanning die veroorzaakt wordt doordat je niet vindt wat je zoekt, moet ook weer ontladen worden. En zo bevind je je in een vicieuze cirkel. Je zit achter je eigen staart aan, en meestentijds lijkt die staart verdacht veel op een vrouw.

Maar je hoeft niet op te houden met najagen. Integendeel, blijf dat doen. Sta jezelf toe te voelen hoe graag je haar wilt. Voel hoe diep de jeuk gaat waar je gekrabbeld wilt worden. Voel de behoefte die je het grootste gedeelte van je volwassen leven doet verlangen naar een vrouw, in werkelijkheid of in je fantasie. En ontdek wat het is dat je werkelijk wilt. Je hebt de borst gehad. Je hebt de poes gehad. Je hebt verzorging gehad. Je hebt wilde passie gehad. En niets ervan was blijvend. Het voelde zelfs niet zo heel goed toen het er was. Je behoefte gaat zo diep dat geen enkele vrouw haar kan bevredigen. Dus wat is die behoefte dan?

Je grootste verlangen is het verlangen naar de vereniging van het bewustzijn met zijn eigen helderheid, waarin alle verschijningsvormen worden herkend als jouw diepe, gelukzalige natuur, en waarin slechts één-zijn is. Jouw verlangen naar vereniging met een vrouw is een gereduceerde versie van deze essentiële spirituele behoefte.

Je kunt je verlangen gebruiken als een toegangspoort naar spirituele eenheid. Laat je verlangen zo groot worden dat je er gek van wordt. Houd het vast met volle adem, een ontspannen lichaam en een open hart. Omhels je vrouw, als je die hebt, en *geef haar datgene wat je van haar wilt*. Geef het haar allemaal. Geef haar zoveel van wat je van haar wilt dat je niet kunt zeggen wie wie is, dat jij de staart wordt waar je achteraan zit en dat alle beweging stopt in de intensiteit van zelfbevrijding. Er is slechts één-zijn.

Het licht van je bewustzijn schijnt als de wereld en het kijkt terug naar je in de verschijning van een vrouw. Ze verschijnt vaak als datgene wat je het meest vreest en begeert. Ze is de godin, die bereid is je te neuken, je te vermoorden en je te verlichten. Haar verschijning en je verlangen kunnen een eindeloos drama van behoefte zijn, of ze kunnen samensmelten en een toegangspoort worden naar je goddelijke bron.

Op het moment dat je door haar aangetrokken wordt, moet je haar laten voelen dat je naar haar verlangt, maar laat het daar niet bij. Voel door haar heen. Doe dit onafgebroken. Voel door haar lichaam heen als je met haar vrijt. Voel door haar angst heen als ze tegen je tekeergaat. Voel door haar somberheid heen als ze er lelijk uitziet. Voel door haar schoonheid heen als ze je het meest aantrekt. Als hij door al haar gedaanten heen voelt, wordt de echte man niet afgeleid of geobsedeerd. Integendeel, zijn aandacht voelt door de waan heen dat er een ander is. En zijn behoefte verdwijnt als de eenheid zich openbaart.

Verlangen kan een toegangspoort zijn naar diepe eenheid. Seksuele vereniging, een gedeeltelijke, of gereduceerde, reflectie van het altijd aanwezige huwelijk van bewustzijn en zijn inherente helderheid. De echte man omhelst zijn vrouw als ware zij zijn eigen lichaam. De openbaring van de diepe eenheid in liefde.

Vrouwen kunnen je naar je ware natuur lijken te brengen. Of ze kunnen je ervan weg lijken te halen. Elke verschijningsvorm, iedere vrouw kan een afleiding, een obsessie of een openbaring zijn. Merk de afleidingen op – borsten, billen, rijkdom en roem – en ervaar de openbaring van eenheid door te voelen door de afleidingen heen. Merk de obsessies op – borsten, billen, rijkdom en roem – en ervaar de openbaring van eenheid door te voelen door de obsessies heen. Beleef het met je vrouw, beleef het echt. Buig je over haar heen en dan door haar heen, in de diepte die je tot dan toe vreemd was.

DEEL ZEVEN

LICHAAMSOEFENINGEN

44

TRANSFORMEER EEN EJACULATIE OF KIES ER BEWUST VOOR

Er zijn vele lichamelijke en geestelijke redenen waarom ejaculatie getransformeerd dient te worden in orgasmen van het hele lichaam, de hersenen en het hart zonder dat men ejaculeert. Er zijn echter ook relationele redenen. Als een man geen controle heeft over zijn ejaculatie, kan hij in seksueel en emotioneel opzicht niet tegen zijn vrouw op. Zij weet dat zij hem kan leegmaken, hem kan verzwakken en de levenskracht uit hem weg kan zuigen. Zij wint. Wanneer een man gemakkelijk ejaculeert, brengt hij een voortdurend wantrouwen in zijn vrouw teweeg. Op een subtiel niveau voelt zij dat zij hem niet kan vertrouwen. Zij, en de wereld, kunnen hem gemakkelijk uitputten en depolariseren. Dit subtiele wantrouwen zal ook de relatie beïnvloeden. Zij zal niet alleen aan hem twijfelen, maar ook daadwerkelijk handelen om wat hij doet in de wereld te ondermijnen. Door hem te ondermijnen legt ze zijn zwakheid bloot en stelt deze op de proef. Ze hoopt hier echter ook mee te bereiken dat hij leert om vol te blijven.

Je zult niet bereid zijn de ejaculatie voorbij te laten gaan, totdat je de veel grotere genoegens hebt ervaren die erachter verscholen liggen. Merk in de tussentijd op hoe je je voelt in de minuten en dagen na de ejaculatie. Als je een hoop spanning hebt opgebouwd in je dagelijks leven, zal het ejaculeren je tijdelijke bevrijding en ontspanning verschaffen. Maar als je met meer en waarachtiger doelgerichtheid leeft, zul je gedurende de dag niet zoveel spanning opbouwen. Dan zul je ontdekken dat ejaculeren je in feite voornamelijk uitput en verzwakt.

Een paar minuten voelt het geweldig, maar de prijs die je betaalt voor de genitale nies van de ejaculatie, is meer middelmatigheid in je dagelijks leven. Je zult merken dat je domweg de extra geestdrift niet hebt die nodig is om een volkomen onberispelijk leven te leiden. Overmatig ejaculeren baant de weg voor een goed leven, maar niet voor een geweldig leven.

Overmatig ejaculeren zal op een subtiele wijze je moed verminderen om risico's te nemen, zowel beroepsmatig als spiritueel. Je doet net genoeg om rond te komen, om comfortabel te leven, maar je zult ontdekken dat je liever televisiekijkt dan je roman schrijft, mediteert of dat belangrijke telefoontje pleegt. Je zult voldoende gemotiveerd zijn om een fatsoenlijk leven te leiden, maar ejaculaties onttrekken de 'doorklievende' energie die nodig is om je eigen muur van lusteloosheid te doorboren en te snijden door de hindernissen die zich voordoen in de wereld. Je gave zal grotendeels ongegeven blijven.

Je vrouw kan dit alles voelen. Ze kan seksueel opgewonden raken door jou klaar te laten komen. Het kan haar voor een korte periode plezier verschaffen. Ze kan zelfs zeggen dat ze zich seksueel onbevredigd voelt als je niet ejaculeert. Maar er is ook een dieper deel van haar dat door jou nooit seksueel bevredigd is vanwege je neiging om veelvuldig en snel te ejaculeren.

De meeste vrouwen kunnen veel orgasmen ervaren, en steeds diepere orgasmen. En wat belangrijker is, bij de meeste vrouwen bestaat er een natuurlijke verbinding tussen hun geslachtsdelen en hun hart. Wanneer je ejaculeert en je erectie kwijtraakt, ontneem je haar waarschijnlijk het vermogen om met haar hart te ontvangen en te spreken, een vermogen dat wordt opgeroepen door de ontspannende, liefdevolle, vochtige uren van jouw genitale penetratie zonder angst en stress.

Het is evenwel niet alleen je genitale penetratie die haar diep raakt. De belangrijkste penetratie die zij voelt, is jouw liefdevolle overgave aan haar, door haar. Wat haar het meest in verrukking brengt, is de volheid van je aanwezigheid, het werkelijke binnengaan van haar lichaam met je bewustzijn.

Zie het onder ogen. Zoals de meeste mannen heb je na een paar ejaculaties niet echt zin meer om haar te penetreren of met haar te vrijen. Je bent tevreden als je rust in de leegte van ontladen spanning. Je voelt niet het verlangen om je vrouw binnen te gaan, lichamelijk of emotioneel, zoals je dat deed voordat je ejaculeerde.

Je vrouw voelt je gebrek aan verlangen. En ze weet ook intuïtief, misschien in haar onderbewustzijn, dat jouw gebrek aan verlangen ook de wereld geldt. Als zij je kan leegzuigen, kan de wereld dat ook. Wanneer zij wacht op je diepste gaven, terwijl jij krachteloos in het bed van niet-verlangen ligt, doet de wereld dat wellicht ook. Ze voelt aan dat je voor haar bezweken bent, dat je hebt toegestaan dat tijdelijke genoegens je vermogen tot volledig bewustzijn hebben verminderd. Zij weet dat je evenzo voor de wereld zult bezwijken.

Eén deel van je vrouw is blij dat ze je heeft laten klaarkomen. Ze is blij dat je ontspannen bent en geniet. Een ander deel van haar is teleurgesteld, omdat je een tijdelijke en plezierige opwelling hebt verkozen boven haar eindeloze verrukking en die van de wereld.

Soms weet ze niet eens wat ze mist. Als ze nooit met een man geweest is die het vermogen heeft tot volledig bewustzijn tijdens de seks, zonder toe te geven aan de mechanische reflex van ejaculatie, dan kent ze de omvang van haar vermogen niet. Ze beseft niet hoe diep en extatisch seksuele liefde kan zijn. Ze is nooit volledig opgelost in de liefde. Ze heeft zich nooit overgegeven zonder een zweem van geslotenheid. Ze is nooit geheel en al genomen totdat er niets meer te nemen viel. Ze heeft nooit alleen openheid ervaren, en allesomvattende liefde, stralend en levendig.

Sommige vrouwen zullen er, vanwege hun behoefte om

hun gewonde hart te bewaken en te beschermen, de voorkeur aan geven dat je ejaculeert. Op die manier hoeven ze zich nooit helemaal te openen of hun diepten bloot te stellen aan je aanraking. Ze weten dat je na wat orale seks en misschien een halfuurtje gemeenschap zult ejaculeren en dat het daarna over is. Ze willen niet het gevoel hebben dat je volhoudt en door hun gebruikelijke geslotenheid heen dringt. Ze houden liever de leiding in handen en trekken je zaad eruit wanneer zij dat willen.

Het is vooral deze soort vrouw die het meest profijt zal hebben van jouw onverminderde vermogen om haar in een staat te brengen waarin ze zich niet meer afsluit. En vooral bij deze soort vrouw kun je je vermogen ontwikkelen om te volharden in het geven van je liefde. De wereld zal voortdurend je vermogen testen om je gave te geven op momenten dat deze wordt afgewezen. Een vrouw die je liefde afwijst, is eenvoudigweg een manifestatie van dit aspect van de wereld.

Diep vanbinnen wil je vrouw alleen liefde, net zoals jij. Haar afwijzing is een vorm van angst. Ze heeft misschien wonden uit haar jeugd die ze niet durft te voelen. Ze is misschien gekwetst als volwassene en bang dat als ze zich opent, ze weer gekwetst zal worden. Maar op het huidige moment komt alle emotionele weerstand op hetzelfde neer: een afwijzing van de liefde.

Je mannelijke seksuele gave is om haar liefde met vleierijen, humor, shockeren en strelen te doen smelten door haar lagen van angst heen. Laat je liefde doordringen tot het diepe deel van haar dat geheel open is voor de liefde, dat de liefde zelf is, en lok deze naar buiten, zonder haar je eigen behoeften op te leggen. Doe dit langzaam, neem er de tijd voor, niet door gesprekken te voeren, maar door lichamelijke aanwezigheid, zorg, bewustzijn en de vloeibare liefde van seksuele vereniging.Als zij de absoluut betrouwbare aard van je liefde voelt – dat je werkelijk bij haar bent, toegewijd aan de liefde, en je je niet verliest in het plezieren van jezelf – zal ze je gaan vertrouwen met haar uiterst kwetsbare kern.

Maar niet eerder dan dat. Elke keer dat ze voelt dat jij verdwaalt in je eigen gewaarwordingen, voelt ze dat je 'weg', niet aanwezig, niet betrouwbaar bent. Ze geniet er misschien van jou te laten ejaculeren, maar een dieper, wellicht nietuitgedrukt deel van haar zal jou niet vertrouwen. Waarom zou ze? Waarom zou ze haar diepste deel, haar zeer kwetsbare hart, blootgeven, alleen maar om jou te laten kronkelen op het hoogtepunt van je eigen bevrediging, terwijl je daarna vervalt in een postejaculatieve relationele desinteresse?

Elke keer dat ze je meezuigt in een onbeheersbare behoefte om te ejaculeren, heeft ze je overwonnen. Ze heeft de leiding en is de baas over je. Zij heeft de touwtjes in handen, wat voor mannelijke gebaren je ook maakt voordat je ejaculeert. Met een simpele klik van haar tong, een zachte kreun of een slurpende stoot van haar bekken kan ze het leven uit je wegzuigen. En diep vanbinnen weet ze dat de wereld hetzelfde met jou kan doen.

Een echte man kan ervoor kiezen zo nu en dan te ejaculeren. Maar zo'n keuze wordt vrijelijk gemaakt, zelfs voordat je seks hebt, niet als het te laat is, op het laatste beheersbare moment voordat de psychologische achtbaan de diepe duik naar beneden maakt, de schreeuwende ontlading in. Een echte man is toegewijd aan de verheerlijking van liefde door seksualiteit. Hij neemt geen genoegen met minder dan de totale overgave van het hart van zijn vrouw, en dat van hem, aan de volheid van goddelijke vereniging. Het genot van dit oplossen in de liefde overtreft het typische genitale spuiten zozeer dat het ejaculeren gemakkelijk wordt overgeslagen of uitgesteld wanneer een man en een vrouw hun seksuele vermogen hebben vergroot.

Zoals je vrouw je emotioneel test, zo zal ze je seksueel testen. Ook al probeer je niet te ejaculeren, ze zal misschien energetisch de ejaculatie uit je beginnen te 'trekken'. Zoals altijd ligt haar grootste plezier in het voelen van je volheid, je kracht en je liefde, zelfs als ze je aan het testen is. Wanneer je niet ejaculeert, maar laat blijken dat de volheid van het liefhebben belangrijker voor je is dan de vluchtige sensatie van de genitale ontlading, dan kan ze je oprecht vertrouwen. Ze zal je vermogen om lief te hebben echter blijven testen, zelfs als je eenmaal bewezen hebt dat je in staat bent geen ejaculatie te hebben omwille van een veel dieper geluk.

Waar het om gaat is het volgende. Als ejaculeren niet geheel een bewuste keus van je is, weet je vrouw dat zij seksueel de baas over je is. En zolang ze weet dat zij het roer in handen heeft, zal ze je niet voldoende vertrouwen om volledig te ontspannen in de kracht van jouw liefde. Ze zal haar hart altijd enigszins beschermen. In plaats van zich zo diep over te geven aan je omhelzing dat ze opgaat in goddelijke helderheid, zal ze er elk mogelijk vochtig pleziertje uit zien te halen voordat jij je belangstelling verliest.

Je vrouw zal in seksueel, emotioneel en geestelijk opzicht onbevredigd zijn in de mate waarin jij verslaafd bent aan ejaculeren. En in veel opzichten zal de wereld even onbevredigd zijn door wat je geeft. Je verslaving aan periodes van ontlading zullen je volledige en bewuste versmelting met je diepste bron in de weg staan, en daarom zullen je ware gaven niet bovenkomen.

Door je vermogen tot een totale seksuele vereniging te versterken, versterk je ook je vermogen om op te lossen in de bron van het leven en weer tevoorschijn te komen, doordrenkt met gaven, vol doelgerichtheid en verlangen om je diepste gaven te geven, ondanks de weerstand van de wereld. Een echte man lost op in het mysterie en komt weer vol liefde tevoorschijn, liefde die hij steeds weer, onuitputtelijk, kan geven in zijn seksuele relatie met zijn vrouw en in zijn scheppende relatie met de wereld.

45

ADEM LANGS DE VOORKANT NAAR BENEDEN

Alle mannen hebben gewoonlijk blokkades aan de voorkant van hun lichaam, langs een denkbeeldige lijn die loopt van de bovenkant van het hoofd, via de tong, de keel, het hart, de zonnevlecht, de navel en de geslachtsdelen naar het perineum. De voornaamste lichaamssleutel voor het meester worden van de wereld en van vrouwen is om te allen tijde de voorkant van het lichaam vol en open te houden. De basismethode is vol en ontspannen ademhalen, de energie langs de voorkant naar beneden trekken en de aandacht vrijmaken van neurotische gerichtheid op jezelf.

Als je zenuwachtig wordt, trekt je maag zich samen. Als je bedroefd bent, komt er een brok in je keel. Als je bedreigd wordt, krijg je een onbehaaglijk gevoel in je zonnevlecht. Als je peinst, krijg je rimpels in je voorhoofd. Als je over de onzekere toekomst nadenkt, span je je kaken. Een groot gedeelte van de dag span je de voorkant van je lichaam of trek je deze samen, van de bovenkant van je hoofd, via je borst, helemaal naar beneden langs je buik.

De voorkant van het lichaam, met name je buik, is de plaats waar jouw energie samenkomt met de energie van de wereld. Als de voorkant van je lichaam open en ontspannen is, stroomt je kracht ongehinderd en vult je aanwezigheid de kamer. Je bent misschien wel eens met mensen in een kamer geweest die meer ruimte in beslag lijken te nemen dan andere. Het lijkt wel of zij alle aandacht opeisen zonder daar ogenschijnlijk iets voor te doen. De voorkant van hun lichaam is open, zodat hun energie onbelemmerd door de kamer kan stromen en hun aanwezigheid wordt benadrukt.

Dergelijke mensen zijn opmerkelijk ontspannen, evenwichtig en attent. Ze zitten niet volledig opgesloten in zichzelf, hun schouders hangen niet naar voren, ze knarsen niet op hun tanden en halen niet ternauwernood adem.

Dit is het beeld van een gesloten buik en borstkas. Als de voorkant van je lichaam spanning heeft opgehoopt, door de dagen en jaren heen, zul je nauwelijks rechtop kunnen zitten. Je buik en borst zijn strak gespannen. Je gedachten zijn geconcentreerd op jezelf. Je energie zit vast in je hoofd en je gewaar-zijn beperkt zich tot jezelf. Je aanwezigheid vult de kamer niet met kracht. Je wordt misschien niet eens opgemerkt.

Let op dit moment eens op je ademhaling. Haal je zo diep adem dat je je geslachtsdelen enigszins voelt opzwellen? Gaat je buik op en neer wanneer je in- en uitademt, als een enorme blaasbalg? Je buik en onderbuik zijn speciale krachtplaatsen. Als je adem deze gebieden niet bereikt, kun je je batterijen niet opladen. Je voelt je zwak en niet zeker van jezelf. Het effect dat je in de wereld hebt, zal minimaal zijn, in ieder geval minder dan je volle potentieel.

Haal diep adem, door je neus, en adem door alle spanningen heen die je in je lichaam opmerkt. Haal diep adem tot in je onderbuik. Adem dan uit. Adem bij je volgende inademing in tot in je onder- en bovenbuik. Adem dan uit. Vul bij je volgende ademhaling je gehele buik en vervolgens je zonnevlecht en het onderste gedeelte van je borst. Adem dan in en vul je buik, zonnevlecht en je gehele borstkas, in die volgorde. Haal op deze manier vol adem gedurende verscheidene ademhalingen en vul je onderbuik helemaal tot aan je geslachtsdelen, dan de rest van je buik, de zonnevlecht en ten slotte je borstkas. Adem dan helemaal uit, langzaam en gelijkmatig.

Oefen deze ademhaling gedurende de dag op willekeurige momenten. Besteed speciale aandacht aan delen van je lichaam die gespannen of gesloten aanvoelen. Als bijvoorbeeld het gebied rond je navel gespannen aanvoelt, adem dan naar dat gebied. Laat je adem rechtstreeks naar dat gebied gaan en open het met de kracht van je inademing. Op die manier ga je de effecten tegen van opgehoopte angst en zorgen die je in je lichaam hebt opgeslagen, waardoor je aanwezigheid en kracht in de wereld afnemen. Zodra je gedurende de dag spanning voelt in de voorkant van je lichaam, adem dan naar dat gebied en open het.

De belangrijkste manier waarop je spanning in je lichaam genereert is door je aandacht op jezelf te richten, omdat je bezorgd bent over jezelf. Daarbij ben je zo in jezelf gekeerd dat je het gevoel hebt helemaal vast te zitten. Daarom is de belangrijkste remedie jezelf aan anderen te geven. Telkens wanneer je merkt dat je over je eigen problemen aan het piekeren bent en energie in je lichaam ophoopt tot spanning, gebruik dan die energie en creëer een geschenk voor anderen. Het kan iets eenvoudigs zijn als de vaat wassen of iets ingewikkelds als een zaak opbouwen waar anderen van profiteren. Zet de energie die spanning ophoopt in de voorkant van je lichaam, om in dienstbaarheid. Jouw spanning is slechts de energie van een gave die in je lichaam vastzit en niet tot uitdrukking komt.

Je adem is de voornaamste expressie van je persoonlijke energie. Daarom is je adem een van de belangrijkste manieren om je gave aan de wereld te schenken. Je kunt je adem gebruiken om de spanningsknopen van andere mensen los te maken, net zoals je die van jezelf kunt losmaken. Stel je voor dat je bij iemand bent die wat gespannen lijkt. Je kunt jezelf toestaan zijn spanningen te voelen en vervolgens in zijn spanningen te ademen alsof het jouw spanningen zijn. Adem in en maak zijn spanningen los met de kracht van je inademing. Adem dan uit en laat alle spanningen gaan, die van jou en die van hem. Adem in en maak zijn knopen los met de kracht van je adem. Adem daarna uit en laat alle samentrekkingen gaan, waarna er slechts ontspanning en liefde is. Dit alles gebeurt zonder enig lichamelijk contact. In feite heeft hij er totaal geen idee van dat je iets ongebruikelijks doet.

Je kunt deze oefening doen op je werk, met je geliefde of met een hele groep mensen in een bus. Als je alleen thuis bent, kun je je al de spanning in de wereld voorstellen en de levenskracht in deze spanning ademen om haar los te maken. Adem dan uit en laat de spanning opgaan in liefde, opdat ze oplost, als een handvol zout die in de zee wordt gegooid. Door deze vorm van ademhaling te oefenen, haal je de aandacht weg van jezelf, en ontspan je de samentrekkingen in de voorkant van je eigen lichaam. En tegelijkertijd neem je je ware status aan als dienaar van anderen, die ook, op hun eigen wijze, jou dienen.

Dit soort oefeningen kan sommige mensen vreemd voorkomen. Maar voordat je ze afschrijft als kolder, zou je ze eens moeten proberen. Doe ze en kijk zelf wat de resultaten zijn. Wanneer je de volgende keer in een vergadering bent met andere mensen, adem dan in in de voorkant van je lichaam en maak alle knopen los, laat je kracht zich op je uitademing uitbreiden in het vertrek en voel alle spanning oplossen in de oceaan van liefde. Wanneer je de onvrede van anderen voelt, maak dan hun knopen los met de kracht van je inademing en laat vervolgens de knopen oplossen bij je uitademing. Doordring het vertrek op deze manier van je bewuste liefde.

Haal ook nu, op dit moment, adem en laat je adem langs de voorkant van je lichaam naar beneden gaan, waarbij je je buik helemaal uitzet en je zonnevlecht en hart opent. Laat de volheid van je kracht zich naar buiten toe uitbreiden, door de kamer heen en naar buiten de kamer, zodat alle anderen van de bewuste kracht van je adem doordrongen worden. Bedrijf op deze manier liefde met de wereld, de hele dag, en doordring alle onvrede en los deze op. Voel de wereld je lichaam aanraken als een naakte vrouw, kwetsbaar en levendig, en laat de voorkant van je lichaam in en door het lichaam van de wereld drukken. Ontwar zo de knopen van opgehoopte pijn.

Wanneer je met je vrouw vrijt, gebruik dan ook je adem om haar lichaam en hart te openen, op precies dezelfde manier.* Vul haar met de kracht van je liefde, adem in en laat je adem door de voorkant van haar lichaam naar beneden gaan alsof het je eigen lichaam is en vul haar geslachtsdelen, buik en hart met liefdesenergie. Adem dan uit en laat jullie beiden oplossen in de oceaan van je liefde. Dring altijd *door* haar heen met je adem, in- en uitademend, zodat haar spanning en geslotenheid oplossen in de kracht van je liefde en jij oplost in het geven.

* Voor een verhandeling over Superieure Seksualiteit, zie *The Way of the Superior Lover: A Spiritual Guide for the Sexual Genius in Everyone* van David Deida. In boekvorm verschenen bij Plexus.

46

EJACULEER LANGS DE RUGGENGRAAT NAAR BOVEN

Voor de meeste mannen betekent een ejaculatie het uitspuwen van hun energie en zaad via hun geslachtsdelen. Daarna hebben ze het gevoel dat ze spanning losgelaten hebben. Het orgasme van de echte man explodeert veeleer langs zijn ruggengraat naar boven zijn hersenen in en daalt van daar neer door zijn lichaam als een hemelse zegen van verjonging. De techniek voor het omzetten van ledigende orgasmen in verjongende orgasmen houdt in het samentrekken van de bekkenbodem bij de geslachtsdelen en het omhoogtrekken van energie langs de ruggengraat, waarbij gebruikgemaakt wordt van adem, gevoel en intentie.

Wat is vroegtijdige ejaculatie? Sommige mannen ejaculeren al voordat ze de vagina van hun vrouw binnen zijn gegaan. Anderen ejaculeren na tien minuten gemeenschap. Waar het om gaat, is niet wanneer je ejaculeert, maar hoe diep je in contact kunt komen met de liefde, zonder grenzen, door middel van geslachtsgemeenschap. Als je ejaculatie het einde inluidt van jullie liefdessessie, voordat zowel jij als je vrouw zich volledig geopend hebben, is je ejaculatie vroegtijdig.

Zoals bij de meeste mannen was je eerste seksuele ervaring als tiener waarschijnlijk masturbatie. Bij herhaling masturberen leidt er uiteindelijk toe dat je lichaam en zenuwstelsel geconditioneerd worden tot de gebruikelijke volgorde: prikkeling van de geslachtsdelen, geestelijke fantasie, spanning opbouwen en ejaculeren. Masturberen in de tienertijd is in wezen een oefening in fantaseren, wat je alleen doet, zonder veel liefde of menselijke intimiteit. Tegen de tijd dat de meeste mannen seks hebben met een vrouw, herhalen ze dezelfde volgorde die ze geleerd hebben toen ze masturbeerden. Seks is een weg geworden naar ejaculatie, een weg die geplaveid is met innerlijke beelden, in zichzelf opgesloten zijn en het verlangen om spanning te ontladen.

Om het volle potentieel van seks te verwezenlijken, moet je je lichaam en zenuwstelsel opnieuw conditioneren. Je moet leren hoe je het mechanische van je ejaculatie kunt afleren en je orgasme kunt omzetten in een enorme hoeveelheid energie die de liefdessessie verdiept in plaats van beëindigt.

De eerste stap is de gewoonten af te leren die je aangeleerd hebt toen je als tiener masturbeerde. In plaats van je spieren te spannen wanneer je seksueel geprikkeld wordt, moet je leren ze te ontspannen. Wanneer je merkt dat je gezicht strak gaat staan, ontspan het dan. Wanneer je merkt dat je sneller en oppervlakkiger gaat ademen, ga dan langzamer en dieper ademen. Wanneer je merkt dat je buik gespannen is en je borstkas hard, open dan je buik en maak het gebied rond je hart zachter.

De volgende stap is je aandacht anders te richten. Leer tijdens de seks je partner meer te voelen dan je eigen gewaarwordingen. In plaats van de aandacht op jezelf te concentreren en de plezierige gevoelens in je eigen lichaam te ervaren, moet je je gevoel naar buiten richten, in en door je partner heen. Voel je partner meer dan dat je jezelf voelt. Voel haar bewegingen, haar kreunen en haar innerlijke energie.

Uiteindelijk zul je door te oefenen in staat zijn door je partner heen te voelen, alsof het lichaam van je partner een toegangspoort is naar een grote open ruimte van energie, licht en gewaar-zijn. Dit onbelemmerde gevoel is de basis voor het waarachtig bedrijven van de liefde. Breid je liefde uit voorbij jezelf en, mettertijd, door en voorbij je vrouw. Dit vereist oefening, daar er een sterke neiging bestaat om je op je eigen lichamelijke gewaarwordingen te concentreren, vooral tijdens intense seksuele prikkeling. Ga deze neiging tegen door je erin te oefenen voorbij jezelf en door je partner heen te voelen alsof er helemaal geen belemmeringen zijn voor het bedrijven van de liefde.

Behalve het ontspannen en het liefhebben in en door je partner heen, moet je heel gevoelig worden voor de kracht van je adem. De adem leidt levensenergie door zowel jouw lichaam als dat van je partner. Als je ademhaling te oppervlakkig wordt, kan de levenskracht niet door je lichaam geleid worden. In plaats daarvan bouwt deze kracht zich op, gewoonlijk in je hoofd of in je geslachtsdelen. Als hij zich ophoopt in je hoofd, ga je steeds meer fantaseren over seks en vrouwen. Als hij zich ophoopt in je geslachtsdelen, zul je de behoefte voelen om te ejaculeren, door middel van seks of door masturbatie.

Als je gedurende de dag niet diep geademd hebt, zul je tegen de tijd dat je bij je seksuele partner komt, vol zitten met fantasieën en de drang hebben om te ejaculeren. Dus een belangrijk onderdeel van het vermijden van vroegtijdige ejaculatie is de hele dag door vol, diep en met grote kracht te ademen. Je inademingen moeten aanvoelen alsof ze energie langs de voorkant van je lichaam naar beneden trekken en je buik en het gebied rond je geslachtsdelen vullen. Je uitademingen moeten aanvoelen alsof ze energie van je bekkenbodem, langs je ruggengraat omhoog naar je hoofd voeren.

Door geheel in deze cirkel te ademen, langs de voorkant naar beneden en langs je ruggengraat naar boven, kan je inwendige energie vrijuit stromen. Je hoofd en geslachtsdelen raken niet verstopt of gespannen van de energie. En je drang om te ejaculeren neemt af.

Seks intensiveert de levenskracht in je lichaam. Naarmate je meer geprikkeld raakt, gaat je ademhaling sneller en begint je lichaam ineen te krimpen van de energie, die zich meestal concentreert in het gebied rondom de geslachtsdelen. Als je vergeet deze energie met je adem te leiden, zal ze zich ophopen in je geslachtsdelen en een druk veroorzaken die zich door ejaculatie wil ontladen.

Er is een speciale oefening die je kunt doen tijdens de seks en ook als het orgasme nadert. Door deze oefening te doen, verander je de richting van het orgasme; dus in plaats van te ejaculeren uit je penis, 'ejaculeer' je langs je ruggengraat naar boven, waarbij je intense lichamelijke gelukzaligheid en emotionele openheid ervaart, die het snelle genot en de ledige vrede die volgt op een ejaculatief orgasme verre overstijgt.

Om dit te oefenen, moet je leren bewust de spieren van je bekkenbodem samen te trekken. Dit gebied omvat je geslachtsdelen, anus en perineum, de ruimte tussen je anus en geslachtsdelen. Deze oefening om je bekkenbodem samen te trekken, lijkt veel op het gevoel dat je hebt wanneer je probeert niet naar het toilet te gaan

Naast het samentrekken van je bekkenbodem, moet je je erin oefenen deze naar boven in je lichaam te trekken naar je ruggengraat toe. Dit naar boven trekken zal in feite je scrotum enigszins naar boven brengen, naar je bovenlichaam toe.

Oefen het samentrekken en het omhoogtrekken van de gehele bekkenbodem, met inbegrip van de anus, het perineum en de geslachtsdelen als één enkele beweging. Je kunt dit oefenen in series van vijftien of twintig samentrekkingen, die je zo lang mogelijk probeert aan te houden. Doe drie of vier keer per dag meerdere van deze series.

Na verloop van tijd zul je je bekkenbodem met gemak kunnen samentrekken en omhoogtrekken, en dit kunnen aanhouden zolang je wilt. Dit betekent dat je de nodige spierbeheersing hebt ontwikkeld. Nu kun je het meer subtiele werk gaan oefenen om de energie langs je ruggengraat naar boven te sturen.

In het begin kan het lijken dat je je slechts verbeeldt dat er innerlijke energie in je lichaam stroomt. Maar door oefening zul je deze energie gemakkelijker voelen stromen. Per slot van rekening is het dezelfde energie die zich bij intense seksuele prikkeling in het gebied rond je geslachtdelen opbouwt en die daarna door ejaculatie vrijkomt – energie die je zonder enige moeite voelt. Je kunt voelen dat ze zich ophoopt als water achter een dam, dat weg wil stromen. Welnu, dezelfde energie kan naar boven stromen. En wanneer dat gebeurt, ervaar je een orgasme dat veel aangenamer is dan de korte uitbarsting van een typisch genitale ejaculatie, en ook veel heilzamer en opwekkender is.

Oefen tijdens de seks, maar voordat je bijna gaat ejaculeren, het samentrekken van je bekkenbodem zoals hierboven besproken. Terwijl je hem samentrekt en omhoogtrekt, adem je de energie langs je ruggengraat omhoog. Je zult moeten experimenteren om te bepalen of je de energie langs je ruggengraat omhoog moet inademen of uitademen, hoewel de meeste mensen vinden dat langs de ruggengraat omhoog uitademen het beste werkt. Wanneer je de opwaartse samentrekking van je bekkenbodem combineert met ademen langs je ruggengraat omhoog, zou je erectie slechts een klein beetje minder moeten worden, evenals de behoefte om te ejaculeren. Terwijl je verder gaat met vrijen, herhaal je deze oefening zo vaak als nodig is om ontspannen en open te blijven.

Zelfs terwijl je met deze techniek oefent, merk je misschien dat je tegen een orgasme aan zit. Wanneer je op dit punt komt, stop dan met bewegen, pas de opwaartse samentrekking van je bekkenbodem toe en adem de orgasme-energie langs je ruggengraat naar boven. Naast de opwaartse samentrekking van de bekkenbodem en het gelijktijdige opwaarts ademen langs de ruggengraat vinden sommige mannen dat het helpt wanneer zij hun vuisten ballen en de kiezen op elkaar klemmen, terwijl ze met hun ogen omhoogkijken, vooral wanneer de drang tot ejaculeren bijzonder sterk is. Door te oefenen wordt alle spierwerking echter heel subtiel en licht, totdat de gehele oefening hoofdzakelijk gedaan wordt door middel van je adem, gevoel en intentie.

Als de energie langs je ruggengraat omhoogschiet, ontspan

dan en geniet van de kleuren, gevoelens en zegeningen die je hoofd vullen en in je lichaam neerdalen. Als je eenmaal bedreven bent in deze oefening, kun je dezelfde gewaarwordingen in je partner oproepen door vanuit je hart in je partner te voelen wanneer het orgasme langs je ruggengraat omhoogschiet. De opwaartse beweging van jouw energie zal dezelfde beweging in haar opwekken.

Deze oefeningen zullen niet succesvol zijn als je je niet als liefde kunt overgeven tijdens de gemeenschap. Liefde regeert over de energie. Steeds meer moet je je erin oefenen liefde te zijn in de vorm van seksuele vereniging. Hoe zwaar je dag ook geweest is, welke lasten je in je leven ook te dragen hebt, vrijen moet een tijd zijn waarin je je oefent in de liefde. Zoals meditatie of gebed moet seks een speciale tijd zijn waarin je oefent om je hart te openen en ten volle liefde te geven, in en door je partner heen, en in gemeenschap met dat wat je het meest heilig acht.

Als je hart gesloten is, zal je energie geblokkeerd worden en zul je nooit in staat zijn je spuit om te zetten in een lichtende bliksemstraal van liefde. Als je je niet oefent in de liefde, zal je seksuele energie geregeerd worden door oude lichamelijke en emotionele gewoonten, die alle te maken hebben met de onbeduidende opwinding van de ejaculatie. Dus wanneer je het seksuele geluk zo groot mogelijk wilt maken, denk er dan aan dat je emotionele toestand veel belangrijker is dan de technische oefeningen zelf.

Omdat ieder individu anders is, moet je experimenteren en ontdekken welke technieken, als liefdesoefeningen, het beste voor jou werken. Door te oefenen zul je gemakkelijk orgasmen zonder ejaculatie kunnen ervaren die in je lichaam naar boven schieten als licht, en je hart wijdopen maken, je energie opwekken en je lichaam doen trillen van geluk. Je zult de liefde kunnen bedrijven zo lang je maar wilt en seks zal je levenskracht verjongen in plaats van uitputten.

Hier volgt een korte samenvatting van waar je aan moet denken als je experimenteert en ontdekt welke technieken voor jou het beste werken:

1 In plaats van te fantaseren of innerlijke seksuele beelden te koesteren, blijf je totaal aanwezig, bewust van je eigen lichaam, adem en geest, en met speciale aandacht voor je partner. Breek met de gewoonte om innerlijk te fantaseren, zoals je bij het masturberen deed, door seks bewust te bedrijven als een relationeel liefdesspel met je partner.

2 Zorg dat je lichaam en adem ontspannen en vol blijven. Zorg vooral dat de voorkant van je lichaam ontspannen is, zodat je buik ruim en je hart zacht en wijdopen is. Dit zal voorkomen dat zich in een van de gebieden te veel spanning ophoopt.

3 Leer in en vervolgens door je partner heen te voelen, zodat je aandacht verder gaat dan je eigen gewaarwordingen en zelfs verder dan de gewaarwordingen van je partner. Oefen om naar buiten toe te voelen, onbegrensd, alsof je aan de oneindigheid voelt. Met andere woorden, wat je ook voelt, voel het helemaal, en voel er dan doorheen en er voorbij, zodat seks een voortdurend voelen wordt door en voorbij elke gewaarwording, in plaats van een geconcentreerd zijn op een bepaalde gewaarwording.

4 Gedurende de dag en tijdens de seks oefen je het ademhalen zodanig dat je inademing energie langs de voorkant van je lichaam naar beneden voert en de uitademing energie omhoog langs je ruggengraat. Te veel en voortdurend denken of verslaafd zijn aan ejaculatie is vaak een teken dat je energie geblokkeerd is en je de hele dag door nog niet volledig in deze cirkel ademt.

5 Oefen tijdens het vrijen af en toe met de opwaartse samentrekking van je bekkenbodem, terwijl je seksuele energie langs je ruggengraat naar boven ademt, zodat deze je hele lichaam vult. Vooral als je dicht bij het orgasme komt, kun je de opwaartse samentrekking van je bekkenbodem combineren met het naar boven toe ademen langs

je ruggengraat om je orgasme omhoog te laten schieten naar je hersenen en zelfs naar buiten door de bovenkant van je hoofd, in plaats van omlaag en uit je geslachtsdelen. Dit opwaartse orgasme zal dan aanvoelen alsof het zachtjes omlaagsijpelt door elke cel van je lichaam en je verzadigt met een vol, open licht.

Deze technieken zullen minder effectief zijn als je tijdens het vrijen de liefde niet beoefent. De natuurlijke intelligentie van de liefde zelf laat de energie op een zo heilzaam mogelijke wijze circuleren. Deze technieken zijn voor het grootste deel oefeningen om slechte seksuele gewoonten te doorbreken die je jarenlang hebt gehad en die gewoonlijk begonnen zijn toen je als tiener masturbeerde. Nadat je de mechanische gewoonte om te ejaculeren hebt afgeleerd en de energie ongehinderd kan stromen, zal de kracht van je hart op geheel natuurlijke wijze je orgasme leiden, zodat het naar boven toe explodeert, door je hele lichaam en je hersenen, voordat het neerdaalt in een overvloed van geluk, waardoor je je niet alleen jonger voelt, maar waardoor ook je scherpe kanten verdwijnen als sneeuw voor de zon.

DEEL ACHT

YOGA VAN INTIMITEIT VOOR MANNEN EN VROUWEN

47

HOUD REKENING MET DE ELEMENTAIRE ASYMMETRIE

Een intieme relatie is nooit de prioriteit in het leven van een mannelijke man, maar altijd de prioriteit in het leven van een vrouwelijke vrouw. Als een man een mannelijke seksuele essentie heeft, dan is zijn prioriteit zijn missie, zijn gerichtheid op een grotere mate van vrijheid en bewustzijn. Als een vrouw een vrouwelijke seksuele essentie heeft, dan is haar prioriteit de stroom van liefde in haar leven – waartoe ook haar relatie behoort met een man die ze volledig kan vertrouwen – in lichaam, gemoed, verstand en geest. Man en vrouw moeten elkaar in hun prioriteiten ondersteunen. Alleen dan zal de relatie beiden tot voordeel strekken.

Hoewel jij en je vrouw gelijke wezens zijn, zijn jullie heel verschillende schepselen. Als zij een vrouwelijke seksuele essentie heeft, zal haar kern vervuld zijn wanneer er liefde stroomt. Ze kan bijvoorbeeld problemen hebben op haar werk, maar als er volop liefde stroomt in haar leven – met haar kinderen, haar vrienden en met jou – zal haar kern vervuld zijn.

Dat geldt niet voor jou. Als je een mannelijke seksuele essentie hebt, kunnen je vrouw en kinderen de hele dag en de hele nacht van je houden, maar als iets je carrière of missie in de weg staat, voel je je niet op je gemak. Je *wilt* zelfs niet veel intieme momenten met je vrouw delen zolang je je carrière of missie niet op de rails hebt.

De kern van je vrouw is vervuld van liefde. Jouw kern wordt van spanning ontdaan door je leven en je missie op één lijn te brengen. Voor jou is intimiteit iets waar je van kunt genieten, naast je doel. Voor je vrouw is intimiteit de kern van haar leven, en de aard van jullie intieme relatie kleurt alles wat ze doet.

Als het erg goed gaat met jullie intieme relatie, is je vrouw vervuld van de kleur van de liefde. Ze voelt zich fijn op haar werk, thuis en in bed. Als het niet goed gaat met de relatie, wanneer je vrouw zich niet bemind, afgewezen, gekwetst of door jou in de steek gelaten voelt, worden haar dagen gekleurd door pijn. Op haar werk, thuis en in bed zal de pijn van het niet bemind worden haar stemming beïnvloeden.

Maar voor jou liggen de zaken anders. Wanneer het slecht gaat met jullie intieme relatie, kun je niet wachten om de deur uit te gaan en te gaan werken; daar voel je je in je element, één met je doel en gelukkig.Voor jou is de intieme relatie slechts één aspect van je leven. Wanneer je opgaat in je missie, denk je vaak helemaal niet aan je relatie. Voor je vrouw is de intieme relatie de kern van haar leven, die alles kleurt wat ze doet. Dit is de belangrijkste asymmetrie in de intieme relatie.

Het gaat echter nog veel verder dan dit. Voor de meeste mannen is hun vrouw vervangbaar. Hard, maar waar. Zoals de meeste mannen weet je, diep vanbinnen, dat als je je huidige vrouw zou verliezen, je diep bedroefd zou zijn, maar uiteindelijk een andere zou kunnen vinden. Waarschijnlijk heb je menigmaal gefantaseerd over het vinden van een andere vrouw, al voordat je de vrouw die je nu hebt, verliest. Omdat de prioriteit van een man zijn missie is, zal hij zich altijd aangetrokken voelen tot de vrouw bij wie hij het gevoel heeft dat ze hem het meest zal steunen in zijn missie. Als hij voelt dat een andere vrouw hem meer inspireert en hem meer energie geeft voor zijn werk, kan de wens bij hem opkomen haar als intieme partner te hebben.

Je woont echter in het hart van je vrouw. Zij voelt je de

hele dag door. Ze voelt aan wat je doet. Er lopen voeldraden van haar hart naar jouw hart, dag en nacht. In haar ogen ben je niet te vervangen. Zij overweegt niet vaak andere opties, zoals jij waarschijnlijk doet. Terwijl jij leeft in een wereld van relationele mogelijkheden, leeft zij in een wereld van relationele realiteit. Jouw relatie met haar is niet alleen de kern van haar leven, maar ook de meest bepalende factor voor haar stemming.

Wanneer je vrouw haar eigen vrouwelijke kern heeft verloochend, zal ze vechten tegen haar onvervreemdbare hartsverbinding met jou. Ze zal zich proberen te identificeren met haar mannelijke kant, in een poging jou en jullie relatie niet meer op de eerste plaats te stellen. Ze vindt dat ze 'haar eigen leven' moet leiden en meer energie moet steken in, bijvoorbeeld, haar eigen carrière. Hoewel het voor iedere man en vrouw absoluut heilzaam is te leren heel en onafhankelijk te worden, is het zelfdestructie wanneer je vrouw probeert in haar leven een minder belangrijke plaats aan jullie relatie toe te kennen. Als ze een vrouwelijke seksuele essentie heeft, komt het verlangen naar de stroom van liefde uit haar kern voort, hoe toegewijd ze ook is aan haar werk of andere activiteiten.

Zonder een diepe en liefdevolle relatie – met jou of met het goddelijke – lijdt ze pijn. Het zal haar niet baten te proberen een einde te maken aan haar pijn door zich te storten op haar carrière, haar kunstzinnige bezigheden of haar vrienden. Als ze een vrouwelijke essentie heeft, moet ze zichzelf eer aandoen door haar diepe verlangen naar de stroom van liefde in haar hart te erkennen, net zoals iemand met een mannelijke essentie zijn of haar eigen doelen moet nastreven om werkelijk gelukkig te zijn. Onze cultuur is zo anti-vrouwelijk geworden dat veel vrouwen de verlangens van hun vrouwelijke kern proberen te ontkennen en zich op de mannelijke wijze aan een missie gaan wijden. Door hun vrouwelijke essentie te ontkennen, ontwikkelen zulke vrouwen een aanleg voor een 'leeg' hart, neerslachtigheid en lichamelijke ziektesymptomen.

Maar jij moet ook niet de vrouwelijke essentie van je vrouw ontkennen door tegen haar te zeggen: 'Je hele leven schijnt om onze relatie te draaien! Dat is niet gezond. Je moet je eigen leven hebben, je eigen doel, je eigen carrière, je eigen vrienden. Hou op met dat geklaag over onze intieme problemen en maak iets van je leven.'

Hoewel het verstandig is dat ze een vervullend en actief leven leidt buiten jullie relatie, is het seksueel gezien wijs om te begrijpen dat haar vrouwelijke essentie de stroom van liefde altijd in haar centrum zal houden. Zo is het nu eenmaal. Deze stroom van liefde kan in rechtstreekse relatie met het goddelijke staan, maar gewoonlijk stroomt de liefde in de relatie met een man.

Het verlangen naar intieme liefde staat even centraal in het leven van je vrouw als de vrijheidsmissie – financieel, geestelijk en spiritueel – in jouw leven staat. Bedenk hoeveel uur per dag je aan je missie besteedt en vergelijk dat met de uren per dag die je nodig hebt om tegemoet te komen aan het diepe verlangen van je vrouw naar liefde. Als je wilt dat zij je respecteert en steunt in je zoektocht naar vrijheid, moet je haar respecteren en steunen in haar liefde voor het liefhebben. Je kunt veel leren van haar toewijding aan de liefde.

Sommige mannen voelen zich schuldig omdat ze niet zo 'in' de relatie zijn als hun vrouw. Je moet begrijpen dat dit iets natuurlijks is. Als jij een mannelijke essentie hebt en je vrouw heeft een vrouwelijke, zul je nooit zo gericht zijn op en misnoegd of verrukt zijn over je relatie als je vrouw. Doe niet alsof. Probeer niet te doen alsof je betrokken bent omwille van je vrouw. Ze kan voelen waar je werkelijk mee bezig bent. Wees in plaats daarvan trouw aan de verlangens van je kern en wijd je leven geheel en al aan je hoogste doelen.

Als een van je hoogste doelen geestelijke of spirituele vrijheid is, zul je je intieme relatie op hoge prijs stellen. Niemand zal de juiste snaar beter beroeren of je dwaasheid beter aan het licht brengen dan je vrouw. Ze zal je zwakheden beter kunnen aangeven en blootleggen dan een sergeant-instructeur in een rekrutenkamp. Ze zal je beter kunnen wijzen op je dubbelzinnigheid of helderheid dan een leraar in een workshop. Ze zal je meer goeddoen dan een hoer en je meer liefde geven dan je aankunt. En de hele tijd zal ze je leven kleur geven en het overstelpen met stralende zegening en heling – als zij leert haar ware vrouwelijke verlangens te erkennen en jij leert je ware mannelijke verlangens te erkennen.

Wanneer jullie beiden de voornaamste asymmetrie in de relatie respecteren, kunnen jullie je ieder op je ware verlangens concentreren in plaats van compromissen te sluiten omwille van een denkbeeldige wapenstilstand tussen de geslachten. Wanneer je leven werkelijk gericht is op je hoogste doel, word je meer aanwezig, liefdevoller en humoristischer. Je vrouw is dan de eerste die je grotere aanwezigheid, liefde en humor voelt. Wanneer je intieme relatie niet voortdurend op deze wijze groeit, is je leven niet afgestemd op je hoogste doel.

Wanneer je vrouw geheel toegewijd is aan haar ware hartsverlangen, zul jij dat evenzo voelen. Haar energie, uitstraling, wijsheid en kracht om een hemel op aarde te creëren, zullen je voortdurend voeden – ook al zijn ze niet specifiek op jou gericht. Je zult worden geïnspireerd door haar magie, betoverd door haar seksualiteit, met ontzag vervuld door haar schranderheid en gestimuleerd door het leven dat zo liefdevol door haar lichaam stroomt. Als ze er echter voor heeft gekozen haar hartsverlangen te ontkennen en meer mannelijke doelen en missies als de behoeften van haar kern na te streven, zullen jullie daar beiden onder lijden. Ze zal minder stralend worden, ze zal meer op haar hoede zijn, en jullie harten zullen zich in de relatie niet ontspannen voelen.

Je vrouw heeft misschien een goede functie in het bedrijfsleven en jij bent misschien huisman. Dat is prima, zolang jij maar leeft voor je hoogste doel en haar leven gewijd is aan de liefde. Respecteer deze belangrijke asymmetrie, in jezelf en in je vrouw. Alleen wanneer je bereid bent elkaars kernverlangens te ondersteunen, zal de relatie ieder van jullie geven wat je ervan verwacht en je vervolgens misschien zelfs verder brengen: naar de ultieme vreugde van het bestaan, die jullie relatie slechts als belofte in zich draagt.

48

JIJ BENT VERANTWOORDELIJK VOOR DE GROEI VAN DE RELATIE

Binnen de intieme relatie zijn er mannelijke en vrouwelijke gaven en elke gave brengt haar eigen verantwoordelijkheid met zich mee. De richting waarin een relatie groeit, is in de eerste plaats de verantwoordelijkheid van de man. De energie van een intieme relatie – genot, het stromen van seksualiteit en vitaliteit – is in de eerste plaats de verantwoordelijkheid van de vrouw. Eenvoudiger gezegd, de man is verantwoordelijk voor de diepte van de liefde of de openheid van de stemmingen van de vrouw, en de vrouw is verantwoordelijk voor de 'erectie' of lichaamsenergie van de man.

Wanneer je eenmaal de zelfstandige volwassenheid hebt bereikt, heb je niet meer iemand nodig die voor je zorgt. Je kunt verantwoordelijkheid voor jezelf dragen. In het bijzonder besef je dat je verantwoordelijk bent voor je eigen geluk. Niemand kan je leven voor jou leven. Je moet je eigen gezondheid, succes en geluk bewerkstelligen.

Dit besef van eigen verantwoordelijkheid is echter slechts een gedeeltelijke rijpheid. Voorbij de eigen verantwoordelijkheid ligt de verantwoordelijkheid om je gave te geven. Het is belangrijk om voor je eigen geluk niet afhankelijk te zijn van je intieme partner. Maar het is even belangrijk om verder te groeien dan onafhankelijkheid en zelfstandigheid. Nadat persoonlijke onafhankelijkheid is bereikt, is het volgende stadium van de intieme relatie de wederzijdse stroom van geven of elkaar in liefde dienen.

Je hebt wellicht gemerkt dat je vrouw zich kan verliezen in haar stemmingen. Ze kan opeens hypernerveus worden. Of ze kan zich neerslachtig voelen en mokkend door het huis lopen, omgeven door een donkere wolk. Het is voor de meeste vrouwen uitermate moeilijk om van hun stemming af te raken wanneer ze die eenmaal hebben. Je liefdevolle tussenkomst is een van je grote mannelijke gaven. Het gaat er niet om dat je haar therapeut bent, maar dat je haar wakker schudt, haar hart opent, haar eraan herinnert dat liefde het allerbelangrijkste is. Als je er langer dan vijf minuten over doet om haar te openen voor de liefde, dan praat je waarschijnlijk te veel en doe je te weinig. Of je bent wellicht vergeten wat je ware doel is.

Je mannelijke gave is te weten waar je bent, waar je wilt zijn en wat je moet doen om daar te komen. Als je geen van deze dingen weet, moet je er hoe dan ook achter zien te komen. Deze visie is in wezen de basisgave die je je vrouw, en de wereld, te bieden hebt. Als je geen bredere visie hebt dan de alledaagse sleur van het huishouden, je baan, het zorgen voor je kinderen, tv en vakanties, ben je het niet waard geboren te zijn. Je vrouw zal, evenals de wereld, het gevoel hebben dat je haar bedriegt en haar je gaven onthoudt. En zij zullen je op hun beurt minder van hun gaven geven.

Wanneer je vrouw altijd gespannen is, dan dien jij te weten wat ze, praktisch gezien, met haar leven zou kunnen doen om ontspannen te raken. Misschien moet ze meer lichaamsbeweging nemen, meer mediteren, van baan veranderen, meer dansen of meer tijd met haar vriendinnen doorbrengen. Wanneer je vrouw zich het grootste gedeelte van de tijd onvoldaan voelt, dan dien jij te weten wat ze mist. Hoe vaak opent ze haar hart en lichaam in de onbedwingbare extase van gewijde overgave? Hoe vaak geeft ze zich volledig over aan de goddelijke liefde die haar omringt? Hoe vaak help je haar om dit te doen?

Speel je het spel van de 'gevoelige man', die haar de 'ruimte' geeft om zich ellendig te voelen in plaats van haar voortdurend en onbevreesd je gave aan te bieden? En als ze je gave, je diepste wijsheid en niet onderdrukte liefde niet wil, waarom zou je dan bij haar willen zijn? Je belangrijkste gave in de relatie is haar, van moment tot moment, uit haar stemmingen te leiden naar de openheid van het liefhebben, en dan haar leven, van dag tot dag, steeds dichter bij de goddelijke liefde te brengen, zelfs voorbij de relatie, zodat haar leven in de eerste plaats wordt gekenmerkt door gemeenschap en geven, en het tot een feest wordt. Als je je vrouw deze leiding niet kunt bieden, wat kun je haar dan wel bieden? Waarom is ze dan bij je? Waar gaat jullie relatie dan om?

Om deze mannelijke gave te kunnen geven, moet je de vastberadenheid ontwikkelen om dagelijks te oefenen. Zoals een musicus zijn kunst beoefent, moet jij, dagelijks, de kunst beoefenen om door je angst heen te voelen, om te voelen tot aan je grens en dan net iets voorbij je grens leven, zonder weg te kruipen in persoonlijke vertroosting of zo hard door te zetten dat je de verbinding met je bron verliest. De bron die je diepste waarheid is, moet meer en meer je levensimpuls worden. Mettertijd moeten al je activiteiten in verbinding staan met deze bron. En hetzelfde geldt voor je relatie.

Omdat je jezelf waarschijnlijk dreigt te verliezen in je gedachten, je doelen en in hetgeen je onderneemt, is een van de belangrijkste geschenken die je vrouw je kan geven dat ze je in je lichaam trekt, in het huidige moment, in de liefde, die je verbindt met je bron. Door haar aanraking, haar liefde en haar aantrekkingskracht kan ze tevens energie geven, zodat je hele lichaam wordt als een erectie, vol en levendig, en klaar om de wereld van liefde te doordringen. Je vrouw kan de president van de Verenigde Staten zijn, maar als je een mannelijke seksuele essentie hebt, is haar speciale geschenk aan jou dat ze je met de aantrekkingskracht van haar vrouwelijke energie weer in je lichaam terugbrengt.

Zonder een vrouw die je helpt bij je huidige belichaming van de liefde, werk je wellicht het grootste gedeelte van je tijd aan projecten en staar je naar computerschermen, malen de gedachten door je hoofd of zoek je naar financiële of geestelijke vrijheid voor de toekomst. Ondertussen heb je het contact met het heden, met je lichaam en met je vrouw verloren.

Wanneer je gewoon in je lichaam en bij je vrouw kunt zijn, volledig aanwezig, zonder je af te zonderen in je hoofd, dan beginnen de grenzen op te lossen in de openheid van jullie liefde. Wanneer je door je vrouw en je lichaam heen kunt voelen, worden ze als het ware transparant, en worden de bron en stralende werkelijkheid van het bestaan door hen heen zichtbaar. Jouw natuurlijke gebaar in deze onthulling van transparantie is dienstbaarheid. Je hoeft niets anders te doen dan op te lossen in het geven van je gave.

Misschien wil je vrouw je geschenk niet ontvangen. Je vrouw kan zich verzetten tegen je geschenk. En de wereld doet dat misschien ook. Maar je hebt geen keuze. Leef op het randje. Heb zo volledig mogelijk lief. Laat je lichaam zich verheffen met de energie van je diepe bron. En neem de volle verantwoordelijkheid om alle liefde die je gerealiseerd hebt aan de wereld en aan je vrouw te geven. Beiden zullen je lijken te weigeren en te verleiden, totdat je door hen heen kunt voelen.

Voel door je vrouw en de wereld heen, en sterf in het geven van je gave.

49

DRING AAN OP OEFENING EN GROEI

Doelgerichtheid in het leven is een mannelijke prioriteit, zelfs in een intieme relatie. Een in spiritueel opzicht minder rijpe man zal tegen zijn vrouw zeggen: 'Zo gebeurt het, anders ben ik weg.' Een man die een groeiproces doormaakt, zal zijn doelgerichtheid vaak afzwakken en een compromis met zijn vrouw proberen te vinden om aardig gevonden te worden. Een echte man neemt echter met niets minder genoegen dan de algehele belichaming van de liefde waartoe hij en zijn vrouw in staat zijn. Met compassie snijdt hij door alle bullshit heen en eist authenticiteit en humor. Het is alsof hij tegen zijn vrouw zegt: 'Het gebeurt op de goddelijke manier, anders ben ik weg.' Het is hetzelfde mannelijke aandringen op doelgerichtheid dat een zwakkere man zal eisen. Maar in plaats van te willen dat zijn vrouw zijn persoonlijke richting volgt, wil een echte man dat zij in de richting gaat die haar groei in liefde en geluk het meeste dient. Hij neemt met niets minder genoegen.

Wanneer je niet weet wat je eigen richting in het leven is, sta je natuurlijk wankel wanneer je voor je vrouw een richting probeert te bepalen. Daarom is de eerste stap je eigen leven zo af te stemmen dat je, tenminste op het huidige moment, op het randje leeft, volledig in overeenstemming met je doel. Wanneer je er niet absoluut zeker van bent dat je, op dit moment, precies zo leeft als je moet leven, zal je vrouw je gebrek aan duidelijkheid voelen en zal ze zich verzetten tegen elk soort leiding die je haar geeft.

Je kunt gemakkelijk het doel van je bestaan vergeten als je je verliest in je dagelijkse werkzaamheden, zaken en verplichtingen. Je vrouw zal gemakkelijk de liefde in haar kern vergeten als ze zich verliest in terugkerende stemmingen en emoties. Als een geschenk aan jullie beiden moet je zowel je eigen mentaliteit om jezelf af te beulen als het wegkruipen van je vrouw in verdriet, angst en woede doorbreken en de waarheid onthullen. Hoe diep je ook bent doorgedrongen in het mysterie van het bestaan, het is die diepte waaruit je geschenk zal voortkomen. Alles wat die diepte in de weg staat, vanwege jezelf of je vrouw, moet uit de weg geruimd worden, op dit ogenblik, zodat je geschenk uit de diepste bron kan komen.

Als je geen schoon schip maakt en geen richting kiest, zal je vrouw het doen. Mannelijke en vrouwelijke energieën in een intieme relatie worden geregeerd door de wet van behoud. Hoe minder mannelijk de richting is die jij in waarheid volgt, des te mannelijker de richting zal zijn die je vrouw gaat. Wanneer je als man maar wat aanlummelt of hard werkt maar eigenlijk niet naar je ware gave leeft, dan zal je vrouw ontstemd zijn over je gebrek aan doelgerichtheid. Zij zal het mannelijk heft in handen nemen en proberen een einde te maken aan je gelummel, zodat je het belang ervan inziet, je met je diepte verbindt en je gave werkelijk geeft.

Omdat je echter in je kern mannelijk bent, zal haar mannelijke poging om een einde aan je gelummel te maken je depolariseren. Jullie zullen met elkaar botsen, als twee rammen, daar jullie je beiden in je mannelijke aspect bevinden. En als jij meer je vrouwelijke kant opgaat, kunnen de dingen nog erger worden. Er kan zich een krachtige gewoonte ontwikkelen waarbij er, hoe sterk je ook bent in de zakenwereld, met je wordt gesold in je relatie. Je vrouw wordt scherp en mannelijk, jij wordt op een gemaakte manier ontvankelijk en meegaand, en ondertussen komt het jullie beiden de keel uit.

Wanneer je vrouw voortdurend scherp tegen je is, is dat zeer waarschijnlijk een teken dat, ongeacht hoe succesvol je buiten je relatie bent, jullie beider leven niet is afgestemd op de hoogste waarheid. Je hakt het kreupelhout van je werkzaamheden en van de stemmingen van je vrouw niet weg om de vruchtbare grond bloot te leggen die de bron van jullie leven is. En zo moet je vrouw haar eigen zwaard hanteren. Volgens de wet van behoud van mannelijke en vrouwelijke energie zal je vrouw proberen de mannelijke gaven te geven die jij niet geeft. Maar omdat jouw kern in werkelijkheid mannelijk is, zullen haar mannelijke geschenken je hoogstwaarschijnlijk tegenstaan en je uiteindelijk zelfs afstoten.

Je bent geheel verantwoordelijk voor het doorbreken van je eigen luiheid, verslavingen en onduidelijkheid. Er is niets om op te wachten en niemand om de schuld te geven. Gebruik alle technieken die geschikt zijn. Praat met je vrienden, ga in therapie, beoefen meditatie of gebed, probeer een visioen te krijgen, lees heilige geschriften, wandel in de natuur, houd een dagboek bij of zoek een leraar. Bedenk dat het welslagen van welke methode je ook kiest, geheel afhangt van de mate waarin je je inzet om je diepste waarheid te ontdekken en om je leven erop af te stemmen.

Je kunt mediteren tot je erbij neervalt, maar het zal tevergeefs zijn wanneer je, als het erop aankomt, liever masturbeert, de krant leest of televisiekijkt dan dat je je verslavingen doorbreekt, discipline brengt in je dagelijks leven en je gave geeft vanuit je diepste, meest gelukzalige bron. De kwaliteit van je intentie en de constantheid en diepte van je toewijding bepalen de resultaten van je doelgerichtheid van het geven – evenals je vermogen om het leven van je vrouw te leiden naar groter geluk en lichamelijke overgave aan de liefde.

50

HERONTDEK JE LEVENSDOEL, ALLEEN EN MET ANDERE MANNEN

Een man herontdekt zijn doel en scherpt het aan wanneer hij alleen is, wanneer hij uitgedaagd wordt en wanneer hij in het gezelschap is van andere mannen die zijn bullshit niet pikken. Vrouwen daarentegen vergroten hun vrouwelijke uitstraling het best in het gezelschap van andere vrouwen door met elkaar feest te vieren en te spelen. Een man moet zorgen voor beide vormen van hernieuwing: alleen zijn en samenkomen met andere mannen, en het samenzijn van zijn vrouw met andere vrouwen.

Als je te veel tijd met je vrouw doorbrengt, zul je elkaar vreselijk uitputten. Om met elkaar te kunnen opschieten, zal ze jouw mannelijke gesprekspatronen gaan overnemen, waarbij ze haar vrouwelijke verlangen ontkent om haar energie te laten stromen in spel en plezier zonder zinnig bezig te hoeven zijn op de mannelijke manier of een doel te hoeven verwezenlijken. Jij zult haar vrouwelijke patronen van aanraking en genegenheid gaan overnemen, waarbij je je verlangen ontkent om aan de slag te gaan, met je missie of je vrouw. In plaats daarvan geef je je vrouw een vluchtige kus op haar wang en knuffels en aaien om haar ervan te verzekeren dat ze nog steeds je schatje is. Kortom, de godin en de krijger worden geneutraliseerde gezinshoofden die slechts het meest bescheiden spel van seksualiteit delen.

Om haar vrouwelijke kern tot leven te brengen, moet je vrouw elke dag een tijd lang geheel los van alles zijn en feest vieren. Tijdens dit dansen, zingen, lachen en louter plezier maken, moeten haar lichaam en geest volledig vrij zijn van enige verplichting om mannelijk te zijn, dat wil zeggen geleid, beheerst, gestructureerd of doelgericht. Deze omstandigheden zijn het meest verfrissend wanneer ze in het gezelschap is van andere vrouwen die genieten van elkaars vrouwelijke uitstraling en energiestroom. Wanneer je vrouw deze herhaaldelijke vrouwelijke verjonging ontbeert, zullen zich symptomen ontwikkelen van verminderde vrouwelijke energie: ziekte (vooral in haar meer vrouwelijke lichaamsdelen), gebrek aan levensenergie, weinig seksueel verlangen en genot, en een neerslachtige, zwaarmoedige, mistroostige gemoedsgesteldheid.

Een groot gedeelte van de hedendaagse mannenbeweging heeft zich geconcentreerd op het terugwinnen van innerlijke vrouwelijke energie. Wanneer je je eigen vrouwelijke energie weer op wilt wekken, dan kun je vrijwel hetzelfde doen als wat vrouwen doen om hun vrouwelijke energie op te laden. Je kunt met je vrienden naar het bos gaan en zingen en dansen en lachen. Voor mannen die helemaal vast zijn komen te zitten in hun mannelijke doelgerichtheid, zonder de stroom van vreugde en het delen in hun leven toe te laten, is dit een goed medicijn.

Voor mannen echter die niet meer weten wat hun doel in het leven is, wat de zin van hun leven is, of die moeite hebben om hun leven af te stemmen op hun waarheid, zijn zingen en dansen geen remedie. Het geneesmiddel voor het ontbreken van een doel is om uitgedaagd te worden om op het randje te leven, omdat je zelf niet meer het vermogen hebt om zo te leven.

De twee manieren om je rechtstreeks naar je mannelijke grens van kracht te brengen, zijn soberheid en uitdaging.

Soberheid betekent het elimineren van het comfort in je leven waarin je je hebt leren nestelen en waardoor je je waakzaamheid verloren hebt. Verwijder alles wat je grenzen afvlakt. Geen kranten of tijdschriften. Geen tv. Geen snoep, koekjes of lekkernijen. Geen seks. Geen geknuffel. Niet lezen terwijl je eet of op het toilet zit. Breng de tijd die je werkt, terug tot een noodzakelijk minimum. Geen films. Geen gesprekken die niet over waarheid, liefde of het goddelijke gaan.

Als je je hier een aantal weken aan houdt, en andere dingen doet die je specifieke, saaie gewoonten doorbreken, zal er geen routinematige afleiding meer in je leven zijn. Alles wat overblijft, zijn de grenzen die je vermeden hebt door middel van je dagelijkse bezigheden. Je zult de fundamentele ongemakken en onbevredigdheid die verborgen liggen in de structuur van je leven, onder ogen moeten zien. Wat je doet leven is de uitdaging om naar je waarheid te leven in plaats van ervoor weg te kruipen.

In soberheid lijden is de wederhelft van mannelijke groei. Slechts door innig verbonden te blijven met je persoonlijke lijden kun je erdoorheen voelen tot aan de bron. Door al je aandacht in werk, tv, seks en lezen te stoppen, dring je niet in je lijden door en blijft de bron verborgen. Je leven wordt geheel gestructureerd door je favoriete middel om het lijden, dat je jezelf maar zelden toestaat te voelen, uit de weg te gaan. En wanneer je wel contact maakt met je lijden, al is het in de vorm van verveling, pak je snel een tijdschrift of de afstandsbediening.

In plaats daarvan moet je je lijden voelen. Voel het, blijf erbij, omhels het, vrij ermee. Voel je lijden zo door en door dat je erin binnendringt en besef hoe het op angst gebaseerd is. Bijna alles wat je doet, doe je omdat je bang bent om te sterven. En toch is sterven precies wat je doet vanaf het moment dat je geboren wordt. Wanneer je twee uur volledig opgaat in een finale van de Champions League op de televisie, kan dat je tijdelijk afleiding geven, maar het feit blijft. Je bent geboren als slachtoffer. En je kunt ofwel deelnemen aan het offeren en oplossen in het geven van je gave, of je kunt je ertegen verzetten, wat lijden teweegbrengt. Door het vangnet van comfort uit je leven weg te nemen, heb je de gelegenheid om een vrije val te maken op dit moment tussen geboorte en dood, recht door het gat van je angst in de onaantastbare openheid die de bron van je gaven is. De echte man leeft als dit spontane slachtoffer van de liefde.

Het andere middel, naast soberheid, om je mannelijke kern te herontdekken is uitdaging. De meer oppervlakkige vormen van uitdaging omvatten activiteiten als bergbeklimmen, abseilen, competitiesporten en survivaltochten. Deze vormen van fysieke uitdaging stimuleren het mannelijke gevoel een doel en richting te hebben, zowel in mannen als in vrouwen.

Grotere uitdagingen houden in dat je je gave rechtstreeks geeft op manieren die door je angst geblokkeerd zijn geweest. Als je altijd bang bent geweest om in het openbaar te spreken, kun je de uitdaging aangaan om drie maanden lang één keer per week in het openbaar te spreken. Als je hier niet in slaagt en één week een afspraak mist, moet je de volgende week drie toespraken houden. Als je altijd al een roman hebt willen schrijven, maar je hebt er nooit een kunnen afmaken, vertel je vrienden dan dat je het komende jaar één hoofdstuk per week of per maand zult schrijven. Elke week dat je je weekdoel niet bereikt, moet je je vrienden 100 euro betalen. Als je je jaardoel niet verwezenlijkt, moet je hun 10.000 euro betalen.

Waar het om gaat, is dat het gevolgen heeft wanneer je verstijft uit angst. Het heeft duidelijke gevolgen als je tijdens het bergbeklimmen of tijdens een sportwedstrijd verstijft van angst. Je moet gedurende de rest van je leven consequenties verbinden aan je handelen of niet-handelen, tenzij je wilt vasthouden aan het vangnet van oppervlakkige pleziertjes.

De meest krachtige vormen van mannelijke heraanpassing omvatten zowel soberheid als uitdaging. Ga diep het bos in, alleen, met slechts de dingen die je nodig hebt om te overleven. Niets om te lezen, niets om te doen. Vast met eten en blijf zo lang mogelijk wakker. Daag je oplettendheid uit met bepaalde oefeningen, zoals chanten of ritueel bewegen, zodat je aandacht niet afdwaalt of afzwakt. Open jezelf en wacht af. Verhul je lijden niet. Geef niet op voordat je door het gat van je angst valt en weer tevoorschijn komt met een visioen van je ware missie, de unieke vorm van je levende offer.

Dit soort afzondering en uitdaging is een extreme en krachtige vorm van de mannelijke zoektocht naar visioenen, maar er zijn ook meer gewone vormen die nuttig zijn in het dagelijks leven. Breng elke dag wat tijd alleen door, zonder enige afleiding. Zit gewoon tien minuten. Geen zenuwachtige bewegingen, geen gezap, geen geblader in tijdschriften. Wees alleen, precies zoals je bent, en probeer niets te veranderen. Blijf bij je lijden, totdat je erdoorheen valt en de grondeloze bron van je leven voelt.

Zoals je vrouw regelmatig tijd met uitsluitend vrouwen moet doorbrengen, moet jij regelmatig tijd met uitsluitend mannen doorbrengen. Kom ten minste één keer per week samen met je vrienden om elkaar te helpen. Sla geen onzin uit, maar praat openhartig met elkaar. Als je het gevoel hebt dat je vriend zijn leven verknoeit, vertel hem dat dan, omdat je van hem houdt. Verwelkom jij dergelijke kritiek ook van je vrienden. Doe elkaar uitdagingen aan de hand die jullie kunnen aangaan om elkaar door de angsten heen te helpen die jullie overgave aan het geven beperken. Spreek altijd af wat de consequenties zijn wanneer je de uitdaging niet volhoudt. Wanneer je bijvoorbeeld afspreekt om een week lang om de andere dag drie uur seks met je vrouw te hebben, spreek dan ook af dat je het grasveld van je vriend zult maaien als je een dag seks mist.

Je dient dit soort 'eerlijk-is-eerlijk'-samenkomsten af te wisselen met mannelijke feestjes. Zelfs tijdens deze feestjes moet er evenwel een uitdaging zijn om bewust te blijven en niet afgeleid te worden. Het zijn geen gelegenheden waarbij je je volheid laat varen, maar waarbij jullie zonder angst in nauw contact met elkaar staan. Misschien kunnen jullie allemaal samen gaan zwemmen in ijskoud water. Of drinken tot je in een roes geraakt en dan de rest van de avond hymnen chanten over het mysterie van het bestaan – waarbij niemand mag afdwalen. Wat je ook doet, deel zoveel mogelijk liefde met je vrienden, zonder genoegen te nemen met middelmatigheid of met minder dan de volledige inzet van iedereen.

Zorg ervoor dat er tijd is, voor je vrouw én voor jezelf, waarin jullie je kunnen verjongen.

Doe je dat niet, dan zul je wegkwijnen in het schijnbare comfort van stagnatie en seksuele neutralisatie, dat je ware verlangen verstikt om je gaven binnen je relatie volledig te kunnen ontplooien.

51

BEOEFEN HET OPLOSSEN

Het is de grootste wens van een man om volkomen vrij te zijn, zoals hij ook wil oplossen in de intensiteit van een orgasme.

Oefen, van moment tot moment, het liefhebben door je vrouw en door de wereld heen, waarbij je de kracht van je overgave laat transformeren in een orgasme van oplossing in het goddelijke. Omhels elk ervaringsmoment als minnaar en heb vertrouwen in de richting waarin de liefde je voert. Sterf in het geven van je gave, zodat je niet eens merkt dat je niet langer aan jezelf vasthoudt. Angst is je laatste excuus. Vecht er niet tegen. Heb lief door de angst heen.

OVER DE AUTEUR

David Deida is internationaal bekend om zijn transformerende werk op het gebied van persoonlijke groei en intieme relaties. Hij heeft lesgegeven en onderzoeken geleid aan de University of California Medical School, San Diego; University of California, Santa Cruz; San Jose State University; Lexington Institute, Boston; en Ecole Polytechnique in Parijs, Frankrijk.

Voor informatie over David Deida's workshops of om een presentatie af te spreken, kunt u contact opnemen met:

David Deida Seminars
6822 22nd Ave. North # 142-C
St. Petersburg, Fl 33710
Tel: (813) 824-7972
E-mail: info@cyberplexus.com

BOEKEN VAN DAVID DEIDA

Dear Lover: A Woman's Guide to Enjoying Love's Deepest Bliss –
Met een voorwoord van Marianne Williamson

Finding God Through Sex: A Spiritual Guide to Ecstatic Loving and Deep Passion for Men and Women –
Met een voorwoord van Ken Wilber

Wild Nights: Conversations with Mykonos about Passionate Love, Extraordinary Sex, and How to Open to God –
Met een voorwoord van dr. Gabriel Cousens

Blue Truth: A spiritual Guide to Life & Death and Love & Sex

The Way of the Superior Man: A Spiritual Guide to Mastering The Challenges of Women, Work, and Sexual Desire

The Way of the Superior Lover: A Spiritual Guide to Sexual Skills

Intimate Communion: Awakening Your Sexual Essence

It's a Guy Thing: An Owner's Manual for Women

AUDIOCASSETTES VAN DAVID DEIDA

Intimacy to Ecstacy: *An Interview with David Deida*

The Shiva and Shakti Scales: *Our search for Love and Freedom*

Kinks, Consciousness & The Plumber: *Talks on the Embodiment of Spiritual Practice in Love and Intimacy*

The Nuts & Bolts of Spiritual Intimacy (*serie van 3 cassettes*)

Living Dialogs with David Deida & Duncan Campbell

BINGO: The Practice of Boundless Love
Spirituality Beyond Self-Improvement

Opening Spiritually and Sexually

Q&A at Breitenbush, 1999

At Your Edge: *Spiritual and Sexual Wisdom for Men (serie van 2 cassettes)*

The Yoga of Deep Passion

Opening as Love and Nothingness

Love, Fear, Truth, and Depth

The Love that Washes Through Patterns

MEER INFORMATIE

Om boeken of audiocassettes van David Deida te bestellen, is het volgende nummer 24 uur per dag bereikbaar:
1-888-626-9662
(1-888-MAN-WOMAN)
of bekijk de website: *www.deida.com*

Bij Altamira-Becht is eerder verschenen van David Deida: *God en Eros, de verbindende schakel*,
ISBN 90 6963 551 8

Uitgeverij Altamira-Becht BV
Postbus 317
2000 AH Haarlem
e-mail post@gottmer.nl
www.altamira-becht.nl